*A ELABORAÇÃO
DA PESQUISA
E DA
MONOGRAFIA JURÍDICA*

MÁRCIA WALQUIRIA
BATISTA DOS SANTOS

A ELABORAÇÃO
DA PESQUISA
E DA
MONOGRAFIA JURÍDICA

MALHEIROS
EDITORES

A ELABORAÇÃO DA PESQUISA
E DA MONOGRAFIA JURÍDICA
© Márcia Walquiria Batista dos Santos

ISBN: 85-7420-530-3

Direitos reservados desta edição por
MALHEIROS EDITORES LTDA.
Rua Paes de Araújo, 29, conjunto 171
CEP 04531-940 — São Paulo — SP
Tel.: (0xx11) 3078-7205
Fax: (0xx11) 3168-5495
URL: www.malheiroseditores.com.br
e-mail: malheiroseditores@zaz.com.br

Composição
Acqua Estúdio Gráfico Ltda.

Capa
Criação: Vânia Lúcia Amato
Arte: PC Editorial Ltda.

Impresso no Brasil
Printed in Brazil
03.2004

SUMÁRIO

Introdução 9

1. **Pressupostos para a Elaboração de Monografia Jurídica** ... 13
   1.1 O objeto da pesquisa científica e jurídica 14
   1.2 A importância da linguagem científica para a investigação do tema 16
       1.2.1 Linguagem a ser usada: precisa, clara e de fácil entendimento 18

2. **A Pesquisa Científica Associada ao Direito** 21
   2.1 Viabilidade da pesquisa científica 22
   2.2 Fontes de informação da pesquisa jurídica 23
   2.3 Evolução da pesquisa e sua concretização 26

3. **Escolha do Tema** 29
   3.1 Elementos preliminares a serem considerados na escolha do tema 30
   3.2 A abordagem e a escolha do tema de acordo com a área, ramo ou assunto de interesse 36
       3.2.1 A limitação do tema 36
       3.2.2 A problematização do tema 37
       3.2.3 O tema indicado 38

4. **Planejamento e Metodologia**
   4.1 Fichamento de textos e de outras fontes de pesquisa 39
   4.2 Esboço do trabalho científico 42
       4.2.1 Plano e projeto de pesquisa (planos provisórios) 42

4.2.1.1 Tópicos básicos dos planos de
          trabalhos jurídicos 44
4.2.1.2 Tópicos de um projeto de pesquisa 46
4.2.2 Plano definitivo 51
4.3 **Desenvolvimento do assunto** 51
4.4 **Finalização do trabalho** 53

5. **Estrutura Básica da Monografia Jurídica**
   5.1 *Apresentação gráfica* 55
   5.2 *Parte pré-textual ou preliminar* 61
        5.2.1 Capa 61
        5.2.2 Folha-de-Rosto ou Frontispício 63
        5.2.3 Termo de Aprovação 63
        5.2.4 Dedicatória (não-obrigatória) 66
        5.2.5 Epígrafe (não-obrigatória) 67
        5.2.6 Agradecimentos 68
        5.2.7 Índice Geral (Sumário) 69
        5.2.8 Lista de Abreviaturas 69
        5.2.9 Prefácio 69
        5.2.10 Preâmbulo ou Prólogo (pelo autor) 69
   5.3 *Parte textual ou corpo principal do trabalho* 70
        5.3.1 Conclusão ou Conclusões 72
   5.4 *Parte pós-textual ou referencial*
        5.4.1 Posfácio (alheio) ou Epílogo (do autor) 73
        5.4.2 Bibliografia 73
        5.4.3 Apêndices 73
               5.4.3.1 Índices de Tabelas 74
               5.4.3.2 Índices especiais 74
                        a) Índice Analítico de Idéias 74
                        b) Índice Remissivo Simples 75
        5.4.4 Resumo 75
   5.5 *Colofão* 76
   5.6 *Parte complementar (ou Contracapa, ou "Orelhas")* .. 76
   5.7 *Referências acessórias ou bibliográficas* 77
   5.8 *Convenções bibliográficas* 83
        5.8.1 Livros 83
        5.8.2 Artigos em livros 87
        5.8.3 Artigos de revistas 87

5.8.4   Artigos de jornais 87
  5.8.5   Internet 88
 5.9 Lista de abreviaturas mais usadas nas notas de
       rodapé de textos jurídicos 89

Conclusões 91

Bibliografia 93

Índice de Figuras

Figura 1 – Modelo de Projeto de Pesquisa 47
Figura 2 – Menu "Configurar Página" – Margens 57
Figura 3 – Menu "Configurar Página" – Tamanho do
             Papel 58
Figura 4 – Menu "Parágrafo" 59
Figura 5 – Modelo de Capa 62
Figura 6 – Modelo de Folha-de-Rosto 64
Figura 7 – Modelo de Termo de Aprovação 65
Figura 8 – Modelo de Dedicatória 66
Figura 9 – Modelo de Epígrafe 67
Figura 10 – Modelo de Agradecimentos 68

INTRODUÇÃO

Tendo por base observações próprias, sem conotação científica, notamos que a disciplina "Metodologia" é uma das mais rejeitadas pelos alunos em praticamente todos os cursos de Graduação. É, mais ou menos, como o velho chavão do "odeio Matemática" – mesmo que Matemática não seja tão terrível assim.

Na verdade, essa rejeição não se dá pela disciplina em si, já que seu conteúdo é simples e até mesmo primário; a rejeição somente pode se tornar efetiva, real, por responsabilidade, muitas vezes, da Didática aplicada pelos professores que ministram as aulas que tratam de métodos de pesquisa e de elaboração de trabalhos científicos.

A disciplina "Metodologia Científica" é eminentemente prática, e deve estimular os alunos a buscarem motivações para encontrar respostas às suas dúvidas. Se estamos nos referindo a uma disciplina engajada em um curso superior, estamos, concomitantemente, referindo-nos a uma Academia de Ciência e, como tal, às respostas dadas a tais dúvidas, que devem ser buscadas através do rigor científico e apresentadas por meio de normas acadêmicas vigentes.

Quando falamos de um curso superior estamos nos referindo, indiretamente, a uma Academia de Ciências, já que a Universidade nada mais é do que o local próprio da busca incessante do saber científico.

Dito isto, parece ficar claro que Metodologia Científica não é um simples conteúdo a ser decorado pelos alunos, a ser verificado num dia de prova; trata-se de fornecer a estes um instrumental indispensável para que sejam capazes de atingir os objetivos da área acadêmica, que são o estudo e a pesquisa em qualquer área.

Neste sentido, esta disciplina tem extrema importância na formação do estudante e do profissional, auxiliando os que têm interesse na pesquisa ou, mesmo, necessitam apresentar trabalhos acadêmicos, como pré-requisito para obtenção de determinado título.

Na presente obra nos propomos não só a cuidar da Metodologia Científica, mas sim deste estudo aplicado ao Direito. A monografia jurídica tem suas peculiaridades, muitas vezes não aceitas pelos especialistas que tratam da Metodologia em outras áreas.[1]

Busca-se nos trabalhos jurídicos, na medida do possível, seguir as regras definidas pela Associação Brasileira de Normas Técnicas – ABNT, apesar de não existir consenso a respeito entre os autores.[2] Pode-se afirmar, inclusive, que o rigor técnico não é levado ao

1. Um livro bastante consultado pelos estudiosos de Metodologia Jurídica e muito utilizado pelos que necessitam elaborar trabalhos no campo do Direito é o de Umberto Eco, intitulado *Come si fa una tese de laurea* (Milão, Fabbri Bompiani, 1977), o qual sofreu várias reedições, existindo uma versão em Português, *Como se faz uma tese* (trad. de Gílson César Cardoso de Souza, 1989). Ocorre que para os que atuam no campo do Direito as regras trazidas pelo famoso autor não se ajustam totalmente aos trabalhos neste campo. Como lembra Eduardo C. de Oliveira Marchi, em excelente obra sobre a matéria (*Guia de Metodologia Jurídica: teses, monografias e artigos*, 2001): "(...) o manual de U. Eco se destina à preparação de teses nas Faculdades de Ciências Humanas *em geral*. Já o presente *Guia*, por sua vez, é direcionado *especificamente* às monografias em Ciências Jurídicas nas Faculdades de Direito. Uma tese em matéria jurídica, como bem adverte M. Nobili, apresenta exigências específicas e regras particulares, as quais, por isto mesmo, merecem ser expostas e explicadas em um guia especializado" (p. 14 – grifos do autor). Ao longo de sua obra Eduardo Marchi faz inúmeras referências à obra de M. Nobili, cujo título é *Guida alla tesi de laurea in materie giuridiche e politico-sociali* (1978). Apesar de grandes esforços, não tivemos acesso a este material – o que, de fato, foi uma lástima.

2. Eduardo Marchi, ao criticar o costume que tem proliferado entre nós de misturar na bibliografia final de trabalhos jurídicos nomes de livros com edições de códigos ou de repertórios de jurisprudência, afirma que tal praxe vem das "famigeradas regras da ABNT (*Associação Brasileira de Normas Técnicas*), as quais – não cansamos de repetir – só deveriam valer no âmbito da Biblioteconomia. Cada área do conhecimento, como, por exemplo, as *Ciências Jurídicas*, tem sempre suas *praxes e usos próprios*, que precisam ser observados, independentemente das exigências das regras técnicas de organização de bibliotecas" (*Guia* ..., p. 314). Concordamos com referido autor no que diz respeito às peculiaridades encontradas nos trabalhos jurídicos; mas, por outro lado, encontramos nas normas da ABNT a solução para várias dúvidas que surgiram ao longo da elaboração do presente livro – o que significa dizer que algumas normas da referida Associação (*6023/2000*) podem perfeitamente ser aplicadas às monografias jurídicas.

extremo tanto na elaboração quanto nas avaliações de trabalhos jurídicos.

De qualquer forma, procuraremos, nesta obra, orientar o leitor a pesquisar bem como elaborar um trabalho jurídico com consistência de forma, deixando aos orientadores a árdua tarefa de repassar ensinamentos relativos ao mérito e ao conteúdo dos temas escolhidos pelos candidatos.

No que diz respeito à forma dos trabalhos aqui proposta, repassaremos ao leitor um consenso pessoal com relação ao que foi possível coletar em obras de Metodologia, quer Científica (para todos os campos de estudo), quer Jurídica, acrescentando a este observações feitas por examinadores que compuseram inúmeras Bancas de Mestrado e Doutorado às quais tivemos oportunidade de assistir.

1
PRESSUPOSTOS PARA A ELABORAÇÃO DE MONOGRAFIA JURÍDICA

1.1 O objeto da pesquisa científica e jurídica. 1.2 A importância da linguagem científica para a investigação do tema: 1.2.1 Linguagem a ser usada: precisa, clara e de fácil entendimento.

Este trabalho tem por objetivo traçar um esboço do que vem a ser a pesquisa científica no campo do Direito, como deve ser realizada e transformada em trabalho científico, de forma a que o resultado final seja proveitoso aos leitores.

Ao se elaborar um trabalho científico, seja ele de iniciação científica, seja monografia, dissertação ou tese, ou até mesmo um currículo, devem ser observadas certas formalidades para que o autor não caia em erro e induza o destinatário a uma leitura equivocada.

Pode-se considerar o envolvimento com a pesquisa jurídica um grande passo na carreira de um indivíduo, visto que este pode ser o primeiro trabalho de muitos que provavelmente virão, sendo apenas uma fase que deverá ser ultrapassada na busca do mérito final.

O método e o objeto de estudo da pesquisa científica deverão ser muito bem delimitados e esclarecidos, antes mesmo que se inicie a realização da pesquisa em si, pois um planejamento antecipado proporciona uma organização técnica dos dados que serão buscados e uma determinação prévia de que tipos de informações serão alvos da pesquisa. Neste lance, Olga Maria de Oliveira deduz, de forma clara e simples: "A produção científica é o resultado de um trabalho desenvolvido com métodos e técnicas específicas".[1]

1. *Monografia jurídica*, p. 15.

São essas técnicas e métodos que serão objeto desta obra, visando a proporcionar a elaboração de um planejamento básico a ser seguido no que diz respeito à formalização da pesquisa e, por conseqüência, à busca do êxito da concretização de um trabalho minuciosamente pensado.

1.1 O objeto da pesquisa científica e jurídica

Pesquisar um assunto no âmbito "científico" e dar-lhe a forma de um trabalho monográfico (no sentido genérico) significa fazer afirmações ou chegar a conclusões "até nova orientação" ou "prova em contrário".

O pesquisador deve ter em mente que o comportamento científico envolve "ter sempre uma visão *relativa* e não *absoluta* dos fenômenos: é estabelecer relações entre estes, e não concebê-los como fenômenos isolados de um contexto".[2]

O espírito da Ciência contemporânea é "crítico, no sentido de que todas as suas conclusões são consideradas válidas ou defensáveis"[3] até que outra visão ou abordagem do assunto seja apresentada. Isso se deve ao fato de que o conhecimento não é mero instrumento inflexível do raciocínio, mas depende de circunstâncias externas e sociais.[4]

De forma simplista, podemos afirmar que o raciocínio, aliado ao comportamento e à observação (intuição) humana, confere elementos para a produção da Ciência.

O trabalho científico envolve necessariamente uma discussão prévia sobre o objeto de estudo e sua definição, sendo, para tanto, um problema da Epistemologia. A Epistemologia é o fator de refe-

---

2. Cf. Maria Marta Hübner, *Guia para elaboração de monografias e projetos de dissertação de Mestrado e Doutorado*, p. 17 (grifos da autora).
3. José Carlos Buzanello, "Epistemologia Jurídica", *Revista de Informação Legislativa* 124/104.
4. Como afirma Fernando Herren Aguillar: "A produção científica é visualizada na sua capacidade de racionalizar e sistematizar a complexidade da análise social e da vida social, que em geral são meramente intuitivas" (*Metodologia da Ciência do Direito*, 2ª ed., p. 152).

rência nas Ciências Sociais. A questão do objeto de estudo de uma Ciência é, ao mesmo tempo, algo muito difícil e muito decisivo, pois é da definição deste objeto que dependem os conhecimentos ulteriores. Esse objeto não é dado *a priori*, de maneira simples e evidente; ao contrário, é construído e é problematizado pelo pesquisador.[5]

No campo jurídico o pesquisador se utiliza de fatos sociais[6] para fazer Ciência, e o tratamento dado ao fato social do Direito possibilita a criação de teorias sócio-jurídicas. Assim, sociedade e norma (Direito) andam juntas.

Quem pretende realizar pesquisa e elaborar trabalho no campo do Direito deve enfocar, primordialmente, o fato e a norma; ou, melhor, aplicar a norma ao fato,[7] sob pena de estar realizando um trabalho "filosófico" ou "sociológico".

Não pretendemos, aqui, aprofundar conceitos de Sociologia do Direito – já que os interessados certamente encontrarão respaldo em outras obras –, mas demonstrar, de início, que não é todo assunto considerado científico que pode servir de tema para monografias jurídicas. Além disso, a abordagem do trabalho também deve ser jurídica, e isto somente será possível se as normas jurídicas forem concretamente analisadas.

5. José Carlos Buzanello, "Epistemologia Jurídica", *Revista de Informação Legislativa* 124/102.
6. Maria Helena Diniz nos ensina que: "O Direito deve ser visto em sua dinâmica como uma realidade que está em perpétuo movimento, acompanhando as relações humanas, modificando-se, adaptando-se às novas exigências e necessidades da vida. A evolução da vida social traz em si novos fatos e conflitos, de maneira que os legisladores, quase que diariamente, passam a elaborar novas leis; juízes e tribunais, constantemente, estabelecem novos precedentes e os próprios valores sofrem mutações, devido ao grande e peculiar dinamismo da vida" (*Conflito de normas*, p. 13).
7. "É evidente que a função do cientista do Direito não é a mera transcrição de normas, já que estas não se agrupam num todo ordenado, mas sim a descrição e a interpretação, que consistem, fundamentalmente, na determinação das conseqüências que derivam dessas normas. Trata-se de uma operação lógica, que procura estabelecer, de modo racional, um nexo lógico entre as normas e demais elementos do Direito, dando-lhes uma certa unidade de sentido" (são as palavras de Maria Helena Diniz, *Conflito de normas*, p. 12).

1.2 A importância da linguagem científica para a investigação do tema

O Direito está intimamente ligado à *linguagem* e à *comunicação*.[8] Daí a necessidade de o profissional do Direito saber utilizar, nos textos elaborados, palavras adequadas.

O desenvolvimento de um trabalho jurídico, como qualquer outro, tem por objetivo seu entendimento por diversas pessoas, independentemente da profundidade como é tratado. Desta forma, presume-se que a linguagem utilizada seja relativamente simples, evitando-se, assim, termos muito rebuscados e de difícil entendimento. De fato, isto é o que seria recomendado; no entanto, a monografia jurídica não pode ser elaborada de forma excessivamente simplificada. Isto porque requer a utilização de palavras técnicas, específicas e peculiares ao trabalho que está sendo realizado. É a chamada *linguagem técnica*.[9]

Não obstante, a monografia jurídica tem por objetivo atingir uma comunidade científica acostumada com determinado linguajar, sendo que tal comunidade deverá, para tanto, compreender o de que o autor está tratando. Assim, para que possa ter êxito em suas explanações, atingindo o leitor da forma como gostaria, além de usar a linguagem tecnicamente adequada,[10] o autor necessita fazê-lo com *lógica*.

---

8. "Fato incontestável é o de que o Direito é, fundamentalmente, comunicação, seja para ordenar situações de conflito, seja para instrumentalizar políticas" (cf. Eros Roberto Grau, *Direito, conceitos e normas jurídicas*, p. 56).

9. "A linguagem em geral, excetuando a coloquial que serve de comunicação diária, apresenta dois aspectos ou formas: a *artística* ou *técnica*. A *linguagem artística*, também denominada *expressiva*, é a Literatura, a saber, a expressão de uma arte. Busca a emoção estética, e, obviamente, onde reina a emoção não devem haver normas rígidas. A *linguagem técnica* visa a *informar*, ou *convencer*. Desses dois fins pode-se biparti-la em *linguagem informativa* e *linguagem lógica*. A primeira é encontrada nos livros didáticos, num compêndio de História, de Geografia, de Física etc., e dirige-se à *inteligência*. À *linguagem lógica* pertence a *linguagem forense*, que tem por objeto convencer. Também a Oratória Sacra, muitas vezes, e a Oratória Política fazem parte desse grupo. É a linguagem forense baseada em argumentos, expressão verbal do raciocínio, e busca a *razão*, a saber, o pensamento em movimento" (cf. Edmundo Dantes Nascimento, *Linguagem forense: a Língua Portuguesa aplicada à linguagem do foro*, 10ª ed., p. 10 – grifos do autor).

10. Ao nos reportarmos a uma linguagem *adequada*, e principalmente no Direito, é claro que não esquecemos que nesse ramo da Ciência as ambigüidades são

Discorrendo sobre *Lógica*, manifesta-se Alaôr Caffé Alves:

"Para adquirir o saber, necessita o homem de um *instrumento especial* que é a *razão*. É necessário, pois, que o filósofo, antes de iniciar o trabalho, comece por examinar a razão, a fim de determinar a maneira pela qual deverá usá-la. (...). O estudo da razão, de modo mais estrito, o ponto de vista da *forma do pensamento* e de seu *uso* no conhecimento, ou *como meio de chegar-se à demonstração da verdade*, é o que se chama *Lógica*. Seu objeto *é o pensamento lógico*.

"Assim, a Lógica é uma *propedêutica* à Ciência. Não serve para *descobrir* a verdade ou para *inventar* soluções de problemas; serve apenas para ordenar o que já foi descoberto, dando-lhe *coerência* e *sistematização* com vistas à *justificação* (demonstração) da verdade. A *Lógica não estuda a verdade como categoria*, pois esta é objeto da *Teoria do Conhecimento* (Epistemologia). Também *não busca as verdades*, pois a investigação destas é tarefa das Ciências Naturais, Exatas e Sociais. (...) a Lógica não lida com a realidade do mundo, inclusive o mundo psicológico e subjetivo, e sim com a realidade do pensamento enquanto abstraído de suas relações com o mundo. (...) ela estuda *as condições formais para justificar a verdade*, isto é, as condições que o pensamento deve preencher *para ser coerente consigo mesmo e demonstrar a verdade já conhecida*. (...).

"*Definição: Lógica é a Ciência das leis ideais do pensamento e a arte ou técnica de aplicá-las corretamente à indagação (busca) e à demonstração da verdade*"[11] (grifos do autor).

Desta forma, além de se preocupar com a estrutura lógica de pensamento e linguagem, o autor não deve modificar os termos técnicos,

---

extremamente comuns. Uma mesma palavra pode assumir vários sentidos, sendo adequada num caso e não sendo em outro. Só o autor poderá escolher o sentido *adequado* naquele momento. A este respeito muito bem se manifesta Chaïm Perelman: "(...) uma noção só pode ser considerada unívoca se seu campo de aplicação for inteiramente determinado, o que só é possível num sistema formal do qual se pôde eliminar qualquer imprevisto; a noção de 'bispo' no jogo de xadrez satisfaz a essa condição. Mas o mesmo não se dá quando se trata de noções elaboradas no seio de um sistema científico ou jurídico, que devem aplicar-se a conhecimentos futuros cuja natureza nem sempre pode ser completamente especificada" (*Tratado da argumentação: a nova Retórica*, p. 148).

11. *Lógica, pensamento formal e argumentação – Elementos para o discurso jurídico*, pp. 78-79 e 134.

simplificando a linguagem pertinente à pesquisa jurídica. Certos termos, mesmo que complexos, deverão ser conservados, em prol da formalidade do trabalho e da sua compreensão pelos estudiosos e entendidos do assunto.

É importante lembrar que aquele que analisa um trabalho jurídico está habituado com a linguagem jurídica, e até a espera. Ademais, há certas idéias que não poderão ser expressas sem que os termos peculiares apareçam no texto. Exemplificando: não se poderá tratar de *esbulho* ou de *turbação* de uma posse sem que essas palavras sejam utilizadas, mesmo havendo outras maneiras de explicar ao interlocutor que houve uma "violação" ao direito de propriedade.

Nota-se que os extremos não deverão ser adotados como regra. Assim, Luiz Antônio Rizzatto Nunes expõe: "No campo do Direito, sem dúvida, a mescla da linguagem técnica com a natural é marca característica dos textos em geral. No entanto, isto não significa usar termos técnicos com os mesmos vícios que a linguagem comum comporta".[12]

Completa o autor: "Para ficarmos com um exemplo da área jurídica, basta uma olhada no uso de termos jurídicos pela grande imprensa. Troca-se freqüentemente 'seqüestro' por 'rapto'; 'furto' e 'roubo' são tomados como sinônimos; 'decisão judicial' é intitulada 'parecer' etc.".[13]

1.2.1 Linguagem a ser usada: precisa, clara e de fácil entendimento

Como já dissemos, os termos jurídicos não podem deixar de ser utilizados numa monografia jurídica. Todavia, termos rebuscados e herméticos devem ser deixados de lado, de forma a prender a atenção do leitor, que foge de textos prolixos.

Ao escrevermos, devemos ter em mente que estamos escrevendo para outros lerem – e, de preferência, para que estes gostem do que estão lendo. Assim, a linguagem deve ser precisa, clara e de fácil entendimento.

---

12. *Manual da monografia jurídica*, p. 71.
13. Luiz Antônio Rizzatto Nunes, *Manual* ..., p. 71.

Precisa,[14] para que as palavras alcancem o objetivo de explicar ao leitor as intenções e idéias do autor, por meio do uso de expressões adequadas.

Clara, no sentido de se usar o raciocínio mais direto e objetivo possível.

Linguagem de *fácil entendimento* tem relação com as duas qualificações anteriores. Os termos sendo precisos e claros, a repercussão é a facilidade no entendimento.

Muitas vezes lemos um livro com resistência, achando que não concordamos com o que o autor está dizendo. Pode ser que a linguagem usada é que não seja adequada, e não o conteúdo, em si, da obra.

Por esta razão, um conselho aos que se propõem a iniciar um trabalho científico: é necessário estar convencido do assunto a ser tratado para convencer os leitores, sem precisar recorrer a uma linguagem inadequada.

A respeito – e de forma bastante perspicaz –, Umberto Eco ressalta: "(...) em geral os textos que não explicam com grande familiaridade os termos que empregam deixam a suspeita de que seus autores são muito mais inseguros do que aqueles que explicitam cada referência e cada passagem. Se você ler os grandes cientistas ou os grandes críticos, verá que, com raríssimas exceções, eles são sempre claros e não se envergonham de explicar bem as coisas".[15]

---

14. Eros Grau observa, com propriedade, que a linguagem jurídica nutre-se da linguagem natural e que ambas apresentam uma "textura aberta", proliferando palavras com duplo sentido. "Assim, *ambigüidade* e *imprecisão* são marcas características da linguagem jurídica. Manifesta-se a primeira em virtude de as mesmas palavras, em diversos contextos, designarem distintos objetos, fatos ou propriedades. A mesma palavra, em contextos diversos, *conota* sentidos distintos. Algumas palavras, em estado de dicionário (...) *denotam* inúmeros sentidos. Quando todavia elas são desprendidas do dicionário, e passam a ser usadas em um texto, não é mais a sua carga *denotativa*, o seu espectro de significações possíveis, porém o sentido sob o qual foram usadas que conta. Cumpre ver, pois, que uma palavra com largo arco de denotação *conota* sentidos diversos, em distintos contextos. Por isso é imprescindível, se desejarmos determinar qual o sentido, entre os inúmeros sentidos possíveis, sob o qual a palavra está sendo usada, aqui ou ali, descobrirmos qual a sua *conotação*, neste ou naquele contexto" (*Direito*, ..., p. 59 – grifos do autor).

15. *Como se faz uma tese*, p. 113.

Assim, somente será possível ao autor explicar suas idéias, em detalhes e de forma clara, se tiver pesquisado e lido o suficiente, a ponto de estar convencido da posição ou tese assumida. Os que já passaram pela experiência de escrever uma tese (pelo menos a maioria) sabem o quão difícil é não ter dúvidas a respeito da própria tese defendida. Os questionamentos do autor a respeito do seu trabalho são inúmeros, a ponto de achar que a carga de leitura nunca é suficiente para dar por encerrada a tese.

2
A PESQUISA CIENTÍFICA ASSOCIADA AO DIREITO

2.1 Viabilidade da pesquisa científica. 2.2 Fontes de informação da pesquisa jurídica. 2.3 Evolução da pesquisa e sua concretização.

Ao final do curso de Direito exige-se dos alunos que estes desenvolvam um trabalho jurídico nas áreas que lhes são pertinentes. Fica a critério destes a escolha do tema a ser abordado. Muitos alunos já têm em mente o que desejam esboçar, ou o que desejam transformar em trabalho concreto, digno de apreciação e entusiasmo por parte de um professor orientador.

Brilhante seria se as idéias fluíssem no papel, atendendo a todos os requisitos de ordem formal que lhes são exigidos. Neste momento o aluno começa a perceber que a tarefa, por mais interessante e desafiante que seja, não é fácil.

Expressar o que se tem em mente é muito difícil, visto que as palavras vão surgindo nos pensamentos, e estes vão avançando e sendo desenvolvidos sem o mínimo de ordem prática – o que, em desatenção, pode resultar em um trabalho confuso, tanto para o aluno como para o professor orientador e a Banca Examinadora. Daí a importância de o aluno de Direito dedicar-se à organização do seu pensamento jurídico, colocá-lo de forma clara, atendendo, logicamente, a uma série de requisitos.

A princípio, a deficiência do aluno de Direito em escrever uma monografia decorre de certos fatores, assim como expõe Olga Maria de Oliveira: "Tal situação está relacionada com o tipo de ensino jurídico que, em geral, tem-se apresentado dentro de uma estrutura de docência tradicional, discursiva e repetitiva, ministrada através de aulas expositivas, que privilegia a memorização de dados jurídicos isolados, impedindo, na maioria das vezes, uma atitude analítica mais crítica com relação às informações e aos conhecimentos repassados pelo docente (professor) em sala de aula".[1]

A nosso ver, não se podem creditar apenas à deficiência dos cursos jurídicos os problemas encontrados ao se redigir monografias jurídicas. Acreditamos tratar-se de insuficiência anterior, no ensino de 1º e 2º graus. Também não pretendemos generalizar, pois existem bons cursos primários e secundários por aí.

Todavia, em regra o aluno não é estimulado a ler, apresentando, portanto, no futuro, deficiências na escrita e, na maioria da vezes, na própria captação de idéias, conceitos etc. Não conseguindo "pensar" sobre determinado assunto, não conseguirá colocar no papel o mínimo necessário.

2.1 Viabilidade da pesquisa científica

A viabilidade da pesquisa científica depende da concretização na busca de informações que, interpretadas e traduzidas, comporão o conteúdo do trabalho.

Os fatos ocorridos no dia-a-dia, aliados ao mundo do Direito, constituem os principais elementos a servir de fonte de pesquisa para um trabalho jurídico. Por isso se diz que o intérprete da norma – considerado este qualquer profissional do Direito – aplica-a ao fato concreto.

O interessado na pesquisa deve atentar aos fatos, dados, elementos, que, extraídos da realidade, possam se aliar à normalidade e adquirir, assim, algum sentido. É importante atentar ao fato de que os materiais de pesquisa devem ter algum "sentido" para quem os busca, sob pena de não poderem ser utilizados.

Obviamente que as normas jurídicas são os primeiros instrumentos de pesquisa a serem buscados, sendo que muitas vezes não se obtêm respostas no direito material ou processual, mas nos princípios

---

1. *Monografia Jurídica*, p. 15.

gerais do Direito.² Estes representam um farto campo para qualquer trabalho monográfico.

2.2 Fontes de informação da pesquisa jurídica

Podemos afirmar que as fontes de pesquisa são os principais elementos para a formação do corpo de um trabalho; mas somente estas não bastam. É preciso, que depois de determinadas as fontes e acolhidas as informações, estas passem por uma análise e por uma profunda interpretação.

Assim, segue-se a fase da criação de um trabalho, que não consiste na transcrição da pesquisa realizada, e sim em um trabalho de criação, não elaborado dantes por ninguém. Nota-se, aqui, uma importante característica do trabalho de pesquisa científica: a originalidade associada à individualização do mesmo.

Para a materialização da pesquisa jurídica, logicamente, deverão ser analisadas as fontes do trabalho voltado a esta área. Assim, quando se fala em "fontes" fala-se do nascimento, do afloramento do Direito, de onde e como este surge.

Nesse sentido Eduardo Carlos Bianca Bittar se pronuncia:

"É de fundamental importância elencá-las, conhecê-las, para que se saiba manipulá-las mediante a atividade prática de levantamento de dados e de sistematização de informações para efeitos científicos.

"Assim é que se podem organizar as diversas fontes jurídicas de pesquisa científica, de acordo com a utilidade, a importância, com a acessibilidade e outros critérios mais. Mas a classificação que aqui se

---

2. São os ensinamentos de Maria Helena Diniz: "O jurista e o aplicador do Direito, para encontrar o princípio geral de Direito atinente à questão duvidosa não regulada ou que abranja os elementos normativos antitéticos, deverão pesquisar elementos de índole diversa (normas, fatos e valores), componentes dos subsistemas do sistema jurídico, que, reunidos, podem ser sintetizados num princípio, constituindo um foco de luz para a luz da controvérsia. (...). Assim sendo, se as normas, num dado caso concreto, não corresponderem à sua finalidade e à sua função, pode-se decidir aplicando-se um princípio geral de Direito (...). O aplicador do Direito, convém lembrar, ao dar uma solução efetiva por meio de uma interpretação eqüitativa ao conflito normativo ou à lacuna, não os elimina, apenas resolve o caso *sub judice*" (*Conflito de normas*, pp. 80-81 – grifos da autora).

oferece visa a elucidar a natureza própria da fonte, de modo a discriminar as fontes entre si como segue:

"1. *Fontes mediatas de pesquisa* – experiência; vivência; engajamento laboral; observação; engajamento político; aprendizado didático-escolar; inter-relacionamento social etc.

"2. *Fontes imediatas de pesquisa*

"2.1 *Fontes imediatas de pesquisa de interesse jurídico* – filmes, canções, notícias de jornais; jornalismo televisivo; reportagens; entrevistas, Internet; fonogramas, videofonogramas; ilustrações, gravuras, fotos, pinturas, esculturas; experiências laboratoriais; discursos políticos etc.

"2.2 *Fontes imediatas jurídico-formais de pesquisa* – lei, doutrina, jurisprudência (decisões de tribunais, súmulas, enunciados ...), contrato, costume, eqüidade, princípios e analogia."[3]

Pelo exposto, podemos perceber que as fontes são as mais variadas e não se limitam apenas ao conhecimento jurídico, mesmo sendo este a base de toda a pesquisa.[4] As fontes da pesquisa jurídica não são, portanto, apenas as chamadas "fontes do Direito" (jurisprudência, lei, doutrina, costume etc.), mas abarcam fatos e acontecimentos trazidos ao conhecimento do estudioso, e que poderão ser ordenados e interpretados de acordo com as fontes imediatas do Direito.

A informação proveniente do dia-a-dia é fundamental, e esta é adquirida com o tempo e com a vivência. Assim, é óbvio que uma monografia jurídica de fim de curso é muito diferente de um trabalho de Mestrado ou de Doutorado, pois a vivência em situações práticas do aluno é muito diferente nestas etapas.

O texto da lei, a decisão de um tribunal, o costume relativo a uma determinada prática jurídica, são os materiais jurídicos mais precio-

---

3. *Metodologia da pesquisa jurídica*, p. 139.
4. Conforme Carlos Maximiliano: "Não pode o Direito isolar-se do ambiente em que vigora, deixar de atender às outras manifestações da vida social e econômica; e esta não há de corresponder imutavelmente às regras formuladas pelos legisladores. Se as normas positivas se não alteram à proporção que envolve a coletividade, consciente ou inconscientemente a Magistratura adapta o texto preciso às condições emergentes, imprevistas" (*Hermenêutica e aplicação do Direito*, 14ª ed., p. 156).

sos na realização de um trabalho de monografia. Aqui, a idéia de hierarquia normativa deve ser levada em consideração, assim como a doutrina – que, de maneira simplificada, é a opinião dos juristas sobre as demais fontes de Direito.

No caso da jurisprudência, deve esta ser analisada com abstração, de forma subjetiva, pois é diferente a cada caso concreto. Existem decisões num mesmo sentido em muitos casos semelhantes, formando jurisprudência; mas não é difícil encontrar jurisprudência em sentido oposto com relação a um assunto sobre o qual a maioria dos juízes decidiu de maneira uniforme. A divergência de jurisprudência é muito interessante, visto que a análise de tal diferenciação de decisões abre campo para as mais diversas digressões em um trabalho de pesquisa científica.[5]

A possibilidade de serem encontradas na jurisprudência decisões divergentes sobre um mesmo assunto reside no fato de que aos magistrados é inerente o *juízo de valor*.

Discorrendo sobre o assunto, Karl Larenz ensina:

"Dos elementos da previsão também fazem parte (...) 'predicados de valor' de natureza ética e especificamente jurídica, cujo 'acerto' numa determinada situação de fato o juiz tem de averiguar através de correspondentes *juízos de valor*. (...).

"Em que consiste a diferença fundamental entre um 'juízo de valor' e outros juízos, como juízos de percepção ou juízos sobre uma relação lógica ou matemática?

"A resposta que primeiro ocorre é ser o juízo de valor expressão duma tomada de posição pessoal do julgador, tomada de posição com respeito a um valor que ele sente ou reconhece como tal. De fato, a eficácia dum 'valor' caracteriza-se porque ele é sentido pela pessoa como uma exigência interior de tomar posição e, além disso, de uma atividade que realize o valor. (...). Assim vistas as coisas, 'valorar' é pois um ato de tomar interiormente posição por parte de quem valo-

---

5. "A jurisprudência constitui, ela própria, um fator do processo de desenvolvimento geral; por isso a Hermenêutica se não pode furtar à influência do *meio* no sentido estrito e na acepção lata; atende às *conseqüências* de determinada exegese: quanto possível a evita, se vai causar dano, econômico ou moral, à comunidade" (cf. Carlos Maximiliano, *Hermenêutica* ..., 14ª ed., p. 156 – grifos do autor).

ra, tomada de posição, porém, que não se baseia no seu arbítrio, mas em que 'percebe' o valor e, em face da exigência implícita na percepção do valor, toma uma decisão pessoal"[6] (grifo do autor).

Verifica-se, ainda, a importância da eqüidade como uma forma de adaptação à lei, uma certa correção da lei em casos onde se constata um equívoco na sua aplicação.

De outra parte, a analogia é utilizada na falta de lei para determinado caso. Nesta hipótese o juiz analisa como fora resolvido o caso anterior, de conteúdo semelhante, e aplica decisão semelhante ao caso em questão.

É sabido que em todas as hipóteses anteriores está presente a figura do intérprete. E aqui não estamos nos referindo apenas aos magistrados (que aplicam as fontes do Direito ao caso concreto), mas a todos os que, de alguma forma, usam tais fontes em seus estudos (juristas, advogados etc.).

Nas palavras do jurista português António de Sousa Lara:

"Interpretar é encontrar o sentido de um texto. No Direito, usam-se vários critérios interpretativos, conforme as concepções sobre o Direito e o seu papel social, aparecendo os diferentes métodos como conseqüências concretas dos diferentes modos de considerar o fenômeno jurídico. (...).

"O intérprete não é livre e, face às necessidades de permitir que o Direito se adeque à realidade, a moderna Metodologia avançou na temática dos princípios gerais do Direito, já não como fonte subsidiária, mas com uma natureza informadora do próprio ordenamento jurídico (...)."[7]

2.3 Evolução da pesquisa e sua concretização

Pesquisar não significa apenas adquirir obras ou colecionar textos. A função do pesquisador consiste, primeiramente, em selecionar, nos livros, periódicos e textos em geral, assuntos que possuam ligação direta e indireta com o tema escolhido. Fazer uma seleção adequada é primordial para o próprio desenvolvimento da pesquisa.

---

6. *Metodologia da Ciência do Direito*, 2ª ed., pp. 316-317.
7. *Ciências Políticas: metodologia, doutrina e ideologia*, pp. 123-124. V., ainda, a respeito, a nota 2 deste capítulo.

O pesquisador deve munir-se de paciência para gastar várias horas, dias ou, mesmo, meses (dependendo da extensão do trabalho) em livrarias e bibliotecas, à procura do material apropriado.

Em geral, nas primeiras visitas o candidato não terá muita certeza do que irá encontrar e, não raro, retornará em busca de textos que, a princípio, haviam sido descartados.

Alguns conselhos são indispensáveis para que o tempo despendido com a pesquisa seja bem aproveitado. É importante ter à mão algumas fichas pequenas, onde se irá lançar a referência bibliográfica da obra, bem como o local em que a mesma foi encontrada[8] (por exemplo, "Biblioteca da Faculdade de Direito da Universidade Presbiteriana Mackenzie"), e no canto superior direito da ficha se escreverá a lápis o número constante da lombada do livro. Com esse dado, nos futuros retornos à biblioteca não haverá necessidade de recorrer aos seus fichários – que são sempre muito complicados –, bastando levar a ficha bibliográfica.

Outro conselho diz respeito à quantidade de referências bibliográficas necessárias ao início da redação do trabalho. Não há regra fixa para isto; nem poderia haver, tendo em vista que cada tema comporta um número maior ou menor de pesquisa ou, mesmo, de textos. O principal é ter o candidato elementos suficientes que o convençam do tema e lhe possibilitem iniciar um esboço do trabalho.

---

8. Um erro muito comum entre os estudantes de Direito (e do qual todos se arrependem profundamente) consiste em tirar cópia reprográfica dos textos que interessam sem anotar, nos mesmos, a referência bibliográfica completa. Aliás, recomenda-se ao pesquisador não usar o expediente de tirar cópia reprográfica dos textos. A cópia reprográfica não autorizada pelo autor constitui "contrafação" (crime) nos termos da Lei 9.610/1998. O correto é adquirir as obras ou realizar a pesquisa em bibliotecas.

3
ESCOLHA DO TEMA

3.1 Elementos preliminares a serem considerados na escolha do tema.
3.2 A abordagem e a escolha do tema de acordo com a área, ramo ou assunto de interesse: 3.2.1 A limitação do tema – 3.2.2 A problematização do tema – 3.2.3 O tema indicado.

Provavelmente a tarefa mais árdua de um trabalho científico é a escolha do tema, sobre o qual o candidato irá se debruçar por no mínimo seis meses (dependendo do título que está pleiteando, se bacharel, especialista, mestre ou doutor).

A escolha deve ser feita com todo cuidado, para não se "abrir uma porta aberta". A novidade é, pois, essencial, ou no assunto ou na perspectiva: a cópia servil ou plágio confissão de indigência intelectual.

Existem duas ordens de fatores principais que interferem na escolha de um tema para o trabalho de pesquisa:

• *Fatores internos*

a) Afetividade em relação a um tema ou alto grau de interesse pessoal

b) Tempo disponível para a realização do trabalho de pesquisa

c) O limite da capacidade do pesquisador em relação ao tema pretendido

d) Trabalhar na área do tema escolhido – o que confere uma visão prática aos trabalhos, sempre bem vista pelos examinadores

• *Fatores externos*

a) A significação do tema escolhido, sua novidade, sua oportunidade e seus valores acadêmicos e sociais

b) O limite de tempo disponível à conclusão do trabalho

c) Material de consulta e dados necessários ao pesquisador. Não é aconselhável escolher tema que não ofereça ao autor uma quantidade razoável de material a ser explorado

A exposição dos argumentos deve ser documentada, com a indicação rigorosa das fontes consultadas e a localização exata das suas citações.

Sempre que possível deve ser incluída documentação apropriada, da melhor qualidade gráfica e procedência.

A monografia deve se ocupar de um só tema; quanto mais restrito, melhor. Embora a unidade temática seja parte da própria definição de *monografia*, esta regra precisa ser frisada, por causa de tendências dispersivas que permeiam o discurso. Por que unidade temática? Pela produtividade: a atenção se concentra num só tema, para esgotá-lo.

O orientador é peça fundamental na escolha do tema. Na maioria da vezes este é eleito pelo candidato dentro da área de afinidade, razão pela qual poderá aconselhar o aluno a definir determinado assunto como passível de ser explorado numa monografia, dissertação ou tese.

Convém dizer que não são todos os temas, que se prestam a uma monografia, que são aconselháveis a uma dissertação ou uma tese. Na monografia o tema deve ser pouco explorado (mas nem tão pouco assim, que não permita ao candidato escrever no mínimo 100 laudas), requerendo-se do doutorando, no entanto, originalidade na sua abordagem.

Na dissertação o essencial é aprofundar (esgotando o assunto), enquanto que na monografia basta uma análise consistente (profunda sem, necessariamente, esgotar a matéria).

3.1 Elementos preliminares a serem considerados na escolha do tema

A organização de um trabalho didático-científico é fundamental; por isso, a escolha do tema deve ser a primeira tarefa a ser realizada. A convicção, o interesse e a vontade de tratar de determinado assunto escolhido são imprescindíveis para que um bom trabalho seja realizado pelo aluno. Desta maneira, escolher um tema de interesse, que desperte no aluno a vontade de adquirir novos conhecimentos, é fundamental à realização de um trabalho jurídico.

Segundo Olga Maria de Oliveira existem fatores a serem considerados no que diz respeito à escolha do tema da monografia:

"*Interesse* – Este é o primeiro fator e talvez o mais importante. O aluno deve estar seguro de ter interesse especial pelo tema jurídico que vai ser estudado, para evitar a desistência ou busca de outro tema, quando do surgimento das primeiras dificuldades.

"O interesse em pesquisar determinado tema jurídico pode surgir de uma curiosidade intelectual, ser sugerido pelo professor orientador ou, em alguns casos, estar diretamente relacionado com a atividade profissional do aluno. (...).

"*Duplicidade* – Para se impedir a duplicidade nos trabalhos acadêmicos, deve-se ter cuidado ao selecionar o tema jurídico, evitando estudos que já tenham sido desenvolvidos com a mesma argumentação ou marco teórico, para que não venha ocorrer algum tipo de repetição.

"Nesta etapa é importante a realização de uma revisão bibliográfica preliminar, a fim de que seja possível situar como o tema vem sendo tratado por outros doutrinadores ou pesquisadores jurídicos, ou seja, o aluno deverá ter um grau razoável de conhecimento ou experiência sobre o tema, e problemas jurídicos inerentes.

"*Possibilidade de execução* – O acesso às fontes é fundamental, por isso é conveniente estar seguro das técnicas de pesquisa a serem utilizadas na coleta de dados, sendo que, em geral, os alunos optam pela pesquisa bibliográfica e/ou documental.

"Os dados ou material doutrinário, documental, legal ou jurisprudencial poderão ser encontrados em: bibliotecas públicas ou privadas, arquivos públicos ou privados, em livros, jornais, revistas especializadas, no sistema de rede Internet, no sistema COMUT, que liga várias bibliotecas nacionais e estrangeiras, em cartórios etc.

"O tempo e o custo do levantamento das fontes bibliográficas e/ou documentais, e a própria aquisição do material, devem ser considerados quando da escolha do tema jurídico.

"Portanto, o aluno deverá levar em consideração alguns dos fatores anteriormente mencionados, o que evitará equívocos ou trocas constantes de tema, muitas vezes relacionados ao difícil acesso às fontes de consulta ou à falta de um conhecimento mínimo sobre o mesmo."[1]

As palavras acima reafirmam a necessidade de se ter cuidado na escolha do tema, para que o resultado do esforço de pesquisa se transforme em um trabalho bem fundamentado.

Sob nosso ponto de vista, os pressupostos à escolha de um assunto/tema que servirá de base à pesquisa e ao trabalho monográfico diferem sutilmente da classificação dada por Olga Maria de Oliveira. São eles: a) interesse; b) informação; c) originalidade e criatividade; d) ordem e determinação.

a) *Interesse* – Uma monografia tem grandes chances de dar certo se o tema escolhido estiver de acordo com as características intelectuais do aluno, sua atração pelo assunto, o interesse despertado tendo em vista sua posição ideológica, sua atitude diante das circunstâncias que o assunto revela etc.

É verdade que às vezes o estudante não tem muita (ou nenhuma) alternativa, tratando-se de tema indicado. Nessa hipótese, "menos livre", é preciso driblar esse aspecto inicialmente negativo.

De qualquer maneira, frise-se que, sempre que a escolha do tema estiver nas mãos do aluno, este deverá fazê-la levando em conta seu próprio e pessoal interesse.

Quanto mais "simpatia" o tema despertar, quanto mais atração exercer, mais motivação o aluno terá para desenvolver o trabalho.

Não se deve esquecer que todo trabalho monográfico é árduo. Embora gratificante, também é uma experiência metodológica importantíssima, e que sempre cobra esforço e dedicação do aluno.

É bem verdade – ao menos do ponto de vista teórico – que a Metodologia do trabalho cientifico, seguida à risca, possibilita que qualquer tema possa ser trabalhado e transformado em uma monografia. Porém, em primeiro lugar, não há razão alguma (a não ser quando o tema é indicado pelo professor e/ou orientador) para que se opte por um tema que não seja totalmente do interesse do aluno. A escolha do tema errado joga fora uma parte importante da produção intelectual: a inspiração ou, pelo menos, a motivação.

1. *Monografia jurídica*, pp. 17-19.

Pode-se afirmar que produções científicas desmotivadas são, geralmente, pobres e monótonas e que o investigador sem inspiração assemelha-se mais a um autônomo repetidor do que a um criador.

b) *Informação* – Os três principais aspectos da informação consistem em: b.1) recepção; b.2) processamento; e b.3) expressão.

Há necessidade de buscar informações e saber *recebê-las*. Isso se dá por meio da leitura.[2] As informações recebidas podem ou não ser anotadas, mas de alguma forma devem ser guardadas e registradas, para futura indicação. Podemos obter informações computadorizadas, televisionadas, escritas, faladas etc. A forma de recepção não é o mais importante, mas sim como as retemos e processamos.

O *processamento* da informação depende da velocidade com que se lê. Deve-se ganhar tempo com a leitura. Uma leitura veloz facilita não só a aquisição de informações, mas permite que em poucos minutos se conheça o texto.

Deve-se igualmente seguir um método para simplificar a identificação dos textos que deverão ser coletados para futura leitura. Alguns elementos – identificados por Eva Maria Lakatos e Maria de Andrade Marconi – poderão auxiliar no momento da pesquisa:

"a) *o título* – apresenta-se acompanhado ou não por subtítulo; estabelece o assunto e, às vezes, até a intenção do autor;

"b) *a data da publicação* – fornece elementos para certificar-se da sua atualidade[3] e aceitação (número de edições), exceção feita para textos clássicos, onde não é a atualidade que importa;

---

2. "A leitura constitui-se em fator decisivo de estudo, pois propicia a ampliação de conhecimentos, a obtenção de informações básicas ou específicas, a abertura de novos horizontes para a mente, a sistematização do pensamento, o enriquecimento do vocabulário e o melhor entendimento do conteúdo das obras. É necessário ler muito, continuada e constantemente, pois a maior parte dos conhecimentos é obtida por intermédio da leitura: ler significa conhecer, interpretar, decifrar, distinguir os elementos mais importantes dos secundários e, optando pelos mais representativos e sugestivos, utilizá-los como fonte de novas idéias e do saber, através dos processos de busca, assimilação, retenção, crítica, comparação, verificação e integração do conhecimento. Por esse motivo, havendo disponíveis muitas fontes para leitura e não sendo todas importantes, impõe-se uma seleção" (cf. Eva Maria Lakatos e Marina de Andrade Marconi, *Fundamentos da metodologia científica*, 4ª ed., p. 19).

3. Neste ponto da citação observamos que no campo jurídico, dependendo do tema, a atualidade das obras é primordial. Por exemplo, se o aluno pretende elaborar

"c) *a 'orelha' ou contracapa* – permite verificar as credenciais ou qualificações do autor; é onde se encontram, geralmente, uma apreciação da obra assim como as indicações do 'público' a que se destina;

"d) *o índice ou sumário* – apresenta tanto os tópicos abordados na obra quanto as divisões a que o assunto está sujeito;

"e) *a introdução, prefácio ou nota do autor* – propicia indícios sobre os objetivos do autor e, geralmente, a metodologia por ele empregada;

"f) *a bibliografia* – tanto final como as citações de rodapé, permite obter uma idéia das obras consultadas e suas características gerais."[4]

Caso haja mais tempo, poderá o interessado ler alternadamente algumas partes da obra ou texto, inclusive para que possa ter uma idéia da profundidade dada pelo autor ao tema.

Processar as informações requer, ainda, a utilização dos métodos de análise e síntese.

Análise é divisão do tema em partes, determinação das relações existentes entre elas, seguidas do entendimento de toda sua organização. Por outro lado, *síntese* é a reconstituição das partes decompostas pela análise, procedendo-se ao resumo dos aspectos essenciais, deixando de lado tudo o que for secundário e acessório, sem perder a seqüência lógica do pensamento.[5]

Por fim, como último aspecto da informação temos a *expressão*, a qual pode ser entendida em dois sentidos: a) como redação, escrita e produção de texto; e b) como oratória, conferência e aula.

Para uma *expressão* efetiva e eficiente há necessidade de um mínimo de concentração, até porque sem concentração nada se apreende.

Concentração é a faculdade de manter a atenção sobre um assunto determinado sem se deixar distrair por outros pensamentos. Por

---

monografia relativa à matéria *Servidores Públicos*, deverá recorrer aos textos posteriores à Emenda Constitucional 41/2003, possivelmente encontrando-os nas obras publicadas de 2004 em diante. Poderá recorrer aos *manuais, tratados* e *cursos de Direito* anteriores a esse último ano apenas no intuito de comparar as alterações sofridas após a referida Emenda Constitucional.

4. *Fundamentos* ..., 4ª ed., pp.19-20 (grifos no original).

5. Eva Maria Lakatos e Marina de Andrade Marconi, *Fundamentos* ..., 4ª ed., p. 21.

intermédio da concentração se pode conduzir o pensamento. A concentração dá coerência ao que a pessoa escreve. Por este motivo, não é raro terminar um texto e se espantar por tê-lo feito.

c) *Originalidade e criatividade* – Em geral, o leitor espera que a abordagem da obra seja original e criativa, o que no campo do Direito nem sempre é possível.

Todavia, dependendo do fim a que se destina o trabalho jurídico, a originalidade e a criatividade são uma exigência.

No campo do Direito o trabalho científico é chamado genericamente *monografia* (ou "tese" *lato sensu*[6]), sendo requisito para a Licenciatura ou Bacharelado[7] ou, ainda, para os cursos de Pós-Graduação (Especialização, Mestrado ou Doutorado). No sentido estrito, a *monografia* é exigência da Graduação e da Pós-Graduação *lato sensu* (Especialização), sendo a *dissertação* (Mestrado) e a *tese* (Doutorado) requisitos para obtenção dos respectivos títulos.

A originalidade e a criatividade devem, obrigatoriamente, estar presentes numa *tese* de Doutoramento, sendo bem-vindas nos demais trabalhos monográficos.

d) *Ordem e determinação* – O *assunto* escolhido deve ser delimitado convenientemente. Esta tarefa se tornará mais simples se a pesquisa for previamente planificada.

Com a planificação o aluno poderá se organizar, de forma a destinar um determinado período do dia ou da semana às leituras e, con-

---

6. Expressão utilizada por Eduardo Marchi, *Guia de metodologia jurídica: teses, monografias e artigos*, pp. 10-11.
7. Eduardo Marchi lembra, de forma apropriada, que, no Brasil, portaria do MEC passou a exigir monografia de conclusão de cursos de Graduação: "A situação, entre nós, transformou-se radicalmente com a edição da recente e já famosa *Portaria MEC n. 1.886*, de 30.12.1994, que introduziu profundas modificações no ensino jurídico brasileiro. Esta portaria, ao fixar as diretrizes curriculares e o conteúdo mínimo dos programas das Faculdades de Direito do Brasil, exige, em seu art. 9º, para a conclusão do curso, a *obrigatória* (a partir de 2001) apresentação e defesa de *monografia final*, perante Banca Examinadora. Com isto, surgiu a necessidade de se introduzir em nossos cursos uma disciplina de Metodologia Jurídica, contendo aulas teóricas e exercitações sobre o método de pesquisa e todos os conselhos práticos indispensáveis para a preparação de uma tese ou monografia em Direito" (*Guia ...*, pp. 11-12 – grifos do autor).

comitantemente, para que suas *impressões* a respeito do tema já possam ser feitas em folhas à parte.

É ilusório pensar que se deve ler todo o material para depois iniciar a redação do *rascunho* do trabalho. O recomendado é que se leia e se escreva ao mesmo tempo, sob pena de se perder idéias preciosas surgidas ao longo da leitura. Para tanto, deverá o candidato ter muita determinação, não desanimando nos momentos iniciais de elaboração do trabalho científico.

3.2 A abordagem e a escolha do tema de acordo com a área, ramo ou assunto de interesse

Após a escolha, passa-se à delimitação do tema – ou seja, dentro de um amplo assunto antes escolhido, se irá determinar qual o foco principal da pesquisa. Assim, alguns itens serão priorizados dentro de toda uma estrutura previamente realizada.

O próprio nome do trabalho científico já designa o limite da investigação: *monografia* (*mono* = único). Isto é, o trabalho monográfico deve ter por objeto um único assunto ou tema.

Para a escolha do assunto teremos que considerar sua importância, os fatores e as indicações práticas.

O aluno que pela primeira vez se propõe a escrever uma monografia, tese, trabalho científico, depara-se com muitas dificuldades, sendo a primeira delas a escolha do assunto a tratar.

O aluno poderá selecionar um assunto de acordo com sua preferência ou, então, um problema que acredita ser relevante. O assunto pode também ser indicado pelo orientador, respeitando sempre a vontade do aluno.

O objeto da pesquisa é o *tema*, sendo de suma importância saber escolhê-lo. Mais que o objeto em si do trabalho, é importante a perspectiva sob a qual é tratado. A escolha deve ser de um único tema, limitado ou reduzido.

3.2.1 A limitação do tema

Como foi dito no início, o próprio nome dado ao trabalho científico de aproveitamento escolar já indica uma delimitação necessária para a escolha do tema: a monografia indica um tipo de trabalho que versa sobre um único assunto.

Trabalhar diante de um assunto bastante restrito facilita muito a tarefa de pesquisa e a elaboração do texto.

O fato é: o tema levado ao máximo de redução permite concentração da pesquisa e aprofundamento do conteúdo.

Por outro lado, o tema poderá estar definido mas, ainda assim, com conteúdo muito extenso. Neste caso, uma nova restrição deverá ser feita.

O tema pode tanto versar sobre assunto atual quanto antigo. Não existe qualquer problema em se fazer uma monografia abordando assunto que não diz respeito às matérias efetivamente estudadas na Faculdade. Por exemplo, pode-se escolher o tema *O Empirismo Jurídico no século XIX* sem qualquer problema de aproveitamento na avaliação do trabalho monográfico ainda que nas cadeiras de "Introdução ao Estudo do Direito" ou de " Sociologia Geral e Jurídica" esse assunto não tenha sido abordado.

Obviamente, a regra acima não é válida se houver exigência contrária – ou seja, ser condição de aprovação da monografia a eleição do tema dentre os tratados em sala de aula ou que tenham ligação com as disciplinas estudadas.

3.2.2 A problematização do tema

Problematizar o tema relaciona-se ao desenvolvimento da pesquisa e à elaboração da monografia, o que será visto mais à frente. Porém, o tema em si também pode e deve ser problematizado.

Tornar um assunto *problemático* significa colocá-lo em dúvida, transformando-o em um problema. Trata-se da própria constituição de um questionamento. É uma maneira crítica de verificar todos os ângulos da questão, uma forma de avaliar todos os matizes que o tema pode apresentar. Para tanto, as fontes de consulta deverão estar disponíveis. É preciso ler o suficiente, sobre todos os ângulos do assunto, para que se consiga questioná-lo com um mínimo de profundidade.

Pode ser uma tentação escolher um tema desconhecido, cujo trabalho final viria a causar grande impacto na Banca Examinadora.

Contudo, é preciso certificar-se, antes de se decidir pelo assunto, da existência de fontes de consulta que estejam à disposição.

Como se verá mais adiante, ao se tratar da pesquisa bibliográfica propriamente dita, uma bibliografia mínima a ser manejada é sempre necessária.

Logo, existindo interesse em temas desse padrão, uma pesquisa prévia a respeito deverá ser feita. É importante verificar a existência, nas bibliotecas que se pretende freqüentar, de livros a respeito do tema.

Enfim, a avaliação prévia do acesso às fontes é orientação necessária a todos os alunos, a partir da escolha de qualquer tema.

O tema, afinal, não precisa ser definitivo. Pode acontecer – e é fato bastante comum – de se ter seguido à risca todas as regras anteriores para a escolha do tema e, ao se iniciar o trabalho de pesquisa, ou algum tempo depois, se concluir que o tema não é exatamente "aquele". Nesse caso, o mais adequado é modificá-lo.

Caso isto ocorra, o orientador deverá ser informado, mas não deverá opor-se à alteração, já que esta surgiu de necessidade posta pelo trabalho de pesquisa. Caso o orientador se oponha à alteração, este estará errado, confundindo orientação com imposição de regras de conduta sem sentido. O aluno, na maioria das vezes, estará certo, e deverá insistir na alteração.

3.2.3 O tema indicado

O tema indicado nem sempre é a melhor alternativa didática e metodológica, pelo simples fato de que a opção do aluno deverá levar em consideração toda a série de circunstâncias anteriormente descritas.

Por outro lado, caso a indicação não preencha os requisitos fundamentais à boa elaboração do trabalho monográfico, o aluno tem todo o direito de solicitar a alteração do tema e sugerir o que julgar mais adequado.

Não há sentido na imposição de tema contrário ao interesse e à vontade do aluno. Nesse caso, o aluno terá a incumbência de encontrar outro professor que o oriente.

4
PLANEJAMENTO E METODOLOGIA

4.1 Fichamento de textos e de outras fontes de pesquisa. 4.2 Esboço do trabalho científico: 4.2.1 Plano e projeto de pesquisa (planos provisórios): 4.2.1.1 Tópicos básicos dos planos de trabalhos jurídicos – 4.2.1.2 Tópicos de um projeto de pesquisa – 4.2.2 Plano definitivo. 4.3 Desenvolvimento do assunto. 4.4 Finalização do trabalho.

4.1 Fichamento de textos e de outras fontes de pesquisa

O fichamento é parte importante na organização à efetivação da pesquisa de documentos. Ele permite fácil acesso aos dados fundamentais à conclusão do trabalho.

Os registros e a organização das fichas dependerão da capacidade de organização de cada um. Os registros não serão feitos, necessariamente, nas tradicionais folhas pequenas de cartolina pautada. Poderão ser feitos em folhas de papel comum ou, mais modernamente, em qualquer programa de banco de dados de um computador.

O importante é que estes estejam bem organizadas e acessíveis, para que os dados não se percam.

Existem três tipos básicos de fichamentos: o bibliográfico, o de resumo ou conteúdo e o de citações.

• *Ficha bibliográfica*

É a descrição, com comentários, dos tópicos abordados em uma obra inteira ou parte dela.
Exemplo:

Educação da Mulher: a Perpetuação da Injustiça (1)		
Histórico do Papel da Mulher na Sociedade (2)	(3)	(4)
TELES, Maria Amélia de Almeida. Breve história do feminismo no Brasil. São Paulo, Brasiliense, 1993, 181 pp. (Tudo é História, 145). Insere-se no campo do estudo da História e da Antropologia Social. A autora se utiliza de fontes secundárias, colhidas através de livros, revistas e depoimentos. A abordagem é descritiva e analítica. Aborda os aspectos históricos da condição feminina no Brasil a partir do ano 1500 de nossa era. Além da evolução histórica da condição feminina, a autora desenvolve alguns tópicos específicos da luta das mulheres pela condição de cidadã. Conclui fazendo uma análise de cada etapa da evolução histórica feminina, deixando expressa sua contradição ao movimento pós-feminista, principalmente às idéias de Camile Paglia. No final da obra faz algumas indicações de leituras sobre o tema Mulher. (5)		

Observação

Neste e nos outros exemplos de fichas os números entre parênteses representam o que está explicado abaixo:

(1) Título do trabalho

(2) Seção primária do trabalho

(3) Seções secundária e terciária

(4) Numeração do item a que se refere o fichamento

(5) Comentários ou anotações do pesquisador sobre a obra registrada

• *Ficha de resumo ou conteúdo*

É uma síntese das principais idéias contidas na obra.

O pesquisador elabora esta síntese com suas próprias palavras, não sendo necessário seguir a estrutura da obra.

Exemplo:

Educação da Mulher: a Perpetuação da Injustiça (1)		
Histórico do Papel da Mulher na Sociedade (2)	(3)	(4)
TELES, Maria Amélia de Almeida. Breve história do feminismo no Brasil. São Paulo, Brasiliense, 1993, 181 pp. (Tudo é História, 145). O trabalho da autora baseia-se em análise de textos e na sua própria vivência nos movimentos feministas, como relato de uma prática. A autora divide seu texto em fases históricas compreendidas entre Brasil-Colônia (1500-1822), Império (1822-1889), República (1889-1930), Segunda República (1930-1964), Terceira República e o Golpe (1964-1985), o ano de 1968, Ano Internacional da Mulher (1975), além de analisar a influência externa nos movimentos feministas no Brasil. Em cada um desses períodos são lembrados os nomes das mulheres que mais se sobressaíram e suas atuações nas lutas pela libertação da mulher. A autora trabalha ainda assuntos como as mulheres da periferia de São Paulo, a participação das mulheres na vida sindical e greves, o trabalho rural, saúde, sexualidade e encontros feministas. Depois de suas conclusões, onde, entre outros assuntos tratados, faz uma crítica ao Pós-Feminismo defendido por Camile Paglia, indica alguns livros para leitura. (5)		

Observação

Existem dois tipos de resumos.

a) *Informativo*: são as informações específicas contidas no documento. Nesta ficha pode-se relatar sobre objetivos, métodos, resultados e conclusões. Sua precisão pode substituir a leitura do documento original.

b) *Indicativo*: são descrições gerais do documento, sem entrar em detalhes da obra analisada (o exemplo acima refere-se a um resumo indicativo).

• *Ficha de citações*

É a reprodução fiel das frases que se pretende usar como citação no trabalho.

Exemplo:

Educação da Mulher: a Perpetuação da Injustiça (1)		
Histórico do Papel da Mulher na Sociedade (2)	(3)	(4)
TELES, Maria Amélia de Almeida. Breve história do feminismo no Brasil. São Paulo, Brasiliense, 1993, 181 pp. (Tudo é História, 145). "Uma das primeiras feministas do Brasil, Nísia Floresta Brasileira Augusta defendeu a abolição da escravatura, ao lado de propostas como a educação e a emancipação da mulher e a instauração da República" (p. 30). "Sou neta, sobrinha e irmã de general (...) Aqui nesta casa foi fundada a Camde. Meu irmão, Antônio Mendonça Molina, vinha trabalhando há muito tempo no Serviço Secreto do Exército contra os comunistas. Nesse dia, 12 de junho de 1962, eu tinha reunido aqui alguns vizinhos, 22 famílias ao todo. Era parte de um trabalho meu para a paróquia Nossa Senhora da Paz. Nesse dia o vigário disse assim: 'Mas a coisa está preta. Isso tudo não adianta nada porque a coisa está muito ruim e eu acho que se as mulheres não se meterem, nós estaremos perdidos. A mulher deve ser obediente. Ela é intuitiva, enquanto o homem é objetivo'" (Amélia Molina Bastos, apud Teles, p. 54). "Na Justiça brasileira, é comum os assassinos de mulheres serem absolvidos sob a alegação de defesa de honra" (p. 132). (5)		

4.2 Esboço do trabalho científico

O esquema do trabalho guia o pesquisador na elaboração do texto final.

Há necessidade de o pesquisador iniciar de algum lugar; razão pela qual, e em geral, nos trabalhos científicos os orientadores solicitam um sumário do qual constem os principais capítulos e itens a serem desenvolvidos.

Este esquema é um esboço, podendo ser totalmente alterado durante o desenvolvimento do trabalho. Depois de concluída a pesquisa este irá se tornar, com alterações pertinentes, o sumário final.

4.2.1 Plano e projeto de pesquisa
(planos provisórios)

É comum confundir-se *plano* com *projeto de pesquisa*. *Plano* é a ordenação do material de pesquisa disponível. *Projeto de pesquisa* nada mais é do que o plano de desenvolvimento do tema, justificando-se ao orientador a eleição e escolha de determinado tema.

O plano coincide com o *sumário* do trabalho e futuro *índice* da obra.

O projeto irá requerer um esforço maior para ser elaborado.

Dentro do projeto de pesquisa irão constar o plano (*sumário*) além de outros dados, como adiante veremos.

Plano é a arte de bem dispor o que se vai escrever. O plano demonstra como o candidato está "pensando" o assunto.

É comum (e até recomendado) que o plano inicial vá sendo alterado à medida que o aluno vá se aprofundando nas leituras e iniciando a redação do trabalho monográfico.

O plano serve, primordialmente, para indicar como o trabalho irá se desenvolver logicamente, e se a abordagem será mais teórica ou mais prática. Desta forma, a *coerência* do plano é fundamental. O aluno não poderá abordar um tema jurídico, partindo do seu tratamento na jurisprudência, sem antes passar pela sua conceituação ou pelo regime jurídico.

O leitor deverá estar situado e saber *do quê* a obra monográfica está cuidando.

Deve-se buscar, ainda, a *unidade* na elaboração de um plano, ou seja, os tópicos a serem inseridos devem dizer respeito ao tema escolhido.

Assim, parte-se de uma visão mais genérica do assunto, recaindo-se nos tópicos mais específicos e, por fim, nas conseqüências que aquele assunto traz, bem como na aplicabilidade do mesmo.

A *criatividade* é apurada também no desenvolvimento do plano. Julgamos, inclusive, ser necessário um pouco de criatividade para ajudar a quebrar a monotonia da obra científica.

Tem-se notado ultimamente, pela proliferação de trabalhos jurídicos, a inserção, no plano, de tópicos mais "modernos", até mesmo na forma de perguntas – o que acaba tornando o trabalho bastante "simpático".

Quando for elaborado o primeiro plano do trabalho se deverá saber, ao menos, onde se quer chegar. É claro que não há uma regra objetiva para isso, mas o candidato deverá, no mínimo, saber explicar seu plano.

4.2.1.1 *Tópicos básicos dos planos de trabalhos jurídicos*

A ordenação de um plano de trabalho no campo do Direito parte de tópicos básicos. Assim, visualizamos um projeto obedecendo à seguinte ordem:

1. *Introdução* – Em geral, é a última parte do trabalho a ser elaborada, apesar de ser inserida em primeiro lugar na ordem dos capítulos. Deixa-se a "Introdução" por último pois nela se fará a explanação dos assuntos e tópicos abordados.

É necessário delimitar o tema, e este é o lugar ideal para isso. Por exemplo, se o candidato pesquisou sobre *As garantias no Código de Defesa do Consumidor*, deverá informar na "Introdução" que não abordará todos os assuntos constantes do referido Código, bem como deverá enumerar quais as garantias a serem abordadas. Caso isto não seja feito, provavelmente o examinador esperará um tratamento genérico do assunto.

Outra questão importante diz respeito ao fato de que no Direito, diferentemente dos outros ramos da Ciência, a "Introdução" não se presta para "justificar" o trabalho – ou seja, para dizer por que se escolheu este ou aquele tópico, por que o tema foi analisado sob o enfoque histórico etc.

Há quem faça isso, mas não é exigência dos examinadores da área jurídica.

Não há no Direito o rigor existente em outros ramos científicos quanto ao conteúdo da "Introdução".

Como foi dito, em geral nas monografias jurídicas a "Introdução" se presta mais a delimitar o tema, informando o que *não será* objeto de considerações.

2. *Noções Básicas sobre o Tema Escolhido* – Neste primeiro capítulo ou título o candidato deverá se preocupar com os *significados* que o assunto engloba.

É comum, neste ponto, conceituar o tema tratado. Por exemplo, se o título da monografia é *Responsabilidade civil do Estado por danos ambientais*, nas noções básicas dever-se-á, no mínimo, abordar o conceito de *responsabilidade civil* e *responsabilidade civil do Estado*. Somente neste momento o candidato terá a oportunidade de fazer uma abordagem mais genérica sobre o enquadramento do tema, lembrando ao leitor ou ao(s) examinador(es) que o trabalho não cuidará da *responsabilidade* como um todo. No entanto, o recomendado é que a "Introdução" já tenha se prestado a esse fim.

Caso o candidato prefira, poderá iniciar pela conceituação propriamente dita do tema objeto da monografia.

3. *Visão Histórica* – Dependendo do tema escolhido, é fundamental. Sua inserção dependerá, também, da abordagem que o candidato quiser dar ao trabalho. É comum nas monografias jurídicas fazer-se um levantamento histórico, passando pelas próprias Constituições Federais. De outra parte, é possível dedicar um tópico específico ao tratamento do assunto na legislação, o que certamente englobaria as Constituições.

4. *Regime Jurídico ou Natureza Jurídica* – Nesse tópico o autor deverá buscar, dentro do Direito, o enquadramento do instituto tratado. Por exemplo, a *permissão de uso* é *ato* ou *contrato*; a *empreitada* é contrato de direito *público* ou *privado* – e assim por diante.

5. *Evolução do Instituto no Ordenamento Jurídico* – Caso o candidato não tenha feito uma abordagem histórica inicial, poderá inserir tópico, no trabalho monográfico, sobre a evolução do tema na legislação. Caso a intenção seja aprofundar o tema, o ideal é cuidar da legislação nacional e estrangeira.

Nas dissertações de Mestrado e teses de Doutoramento – principalmente nestas últimas – é praticamente obrigatória a análise da legislação estrangeira.

Ressalva existe apenas para os raros casos em que o tema abordado somente tenha recebido tratamento no Direito Nacional ou no Direito Estrangeiro (determinado país). Assim, não será possível uma abordagem comparativa de legislações.

6. *O Tema na Atualidade* – Além de situar o tema na legislação, doutrina e jurisprudência atuais, é importante fazê-lo de forma crítica, ou seja, no mínimo demonstrando as diversas posições existentes e qual a majoritária. Esta seria a parte principal do trabalho, ou "o trabalho em si". Deverá ser extensa, para não dar a impressão ao leitor de que sobre o tema, propriamente dito, o autor pouco tratou.

7. *Conclusões* – É o fecho da monografia. Alguns autores dão pouca importância a essa parte, desconsiderando que, muitas vezes, é lendo as "Conclusões" que o leitor fica conhecendo o pensamento do autor. A leitura das "Conclusões" permite avaliar se vale ou não à pena consultar ou adquirir a obra em questão.

Não há, igualmente, um rigor na forma de redigir "Conclusões"; por exemplo, uma (ou duas) para cada capítulo ou tópico. Todavia, aconselha-se dispor as "Conclusões" em itens, relacionando-os entre si. Isto demonstrará raciocínio e lógica apurada por parte do autor.

4.2.1.2 *Tópicos de um projeto de pesquisa*

Normalmente os projetos de pesquisa são exigidos de candidatos a bolsas-de-estudo conferidas pelas agências de fomento (CNPq, CAPES, FAPESP etc.), servindo como critério de seleção. Igualmente, tal solicitação é feita aos candidatos a ingresso em cursos de Pós-Graduação e, eventualmente, aos alunos que estão cursando Pós-Graduação.

Têm por objetivo, portanto, dar ao orientador ou aos docentes uma idéia do tema a ser abordado pelo candidato em monografia final de curso.

Importa ressaltar que, como o próprio nome diz, ainda é um "projeto", admitindo alterações ao longo da elaboração do *plano definitivo*, do qual adiante trataremos.

A fim de se visualizar os tópicos que deverão constar de um projeto de pesquisa, apresentaremos a seguir um modelo, que poderá ser aproveitado por diversos alunos, que não têm a mínima idéia de como iniciar essa árdua tarefa.

Figura 1
Modelo de Projeto de Pesquisa

Folha 1

UNIVERSIDADE BRASILEIRA
PÓS-GRADUAÇÃO – DIREITO ECONÔMICO

ROTEIRO PARA ELABORAÇÃO
DE PROJETO DE PESQUISA

PROFESSORA: MÁRCIA WALQUIRIA
BATISTA DOS SANTOS

Folha 2

UNIVERSIDADE BRASILEIRA
PÓS-GRADUAÇÃO – DIREITO ECONÔMICO

PROJETO DE PESQUISA

(TÍTULO DA MONOGRAFIA)
(*Exemplo:* RESPONSABILIDADE ADMINISTRATIVA
DO FUNCIONÁRIO PÚBLICO)

Aluno(a):

Projeto de Pesquisa apresentado ao Curso de Pós-Graduação "stricto sensu" em Direito Econômico como parte das exigências para ingresso no Mestrado.

São Paulo, mês/ano

Folha 3

(Obs.: Dependendo da extensão deste projeto, poderá ser elaborado um sumário, antes das informações que seguem.)

1. **IDENTIFICAÇÃO DO PROJETO**

    1.1 **TÍTULO:**
    1.2 **AUTOR:**
    1.3 **PROFESSOR ORIENTADOR:**
    1.4 **CURSO:**
    1.5 **PRAZO:**

    Duração:

    Início:

    Término:

    1.6 **INSTITUIÇÃO ENVOLVIDA:**

2. **OBJETO**

    2.1 **TEMA:** *(Exemplo:* **RESPONSABILIDADE ADMINISTRATIVA**)

    2.2 **DELIMITAÇÕES DO TEMA:** (Especificar o tema de forma a restringi-lo – *Exemplo:* **RESPONSABILIDADE ADMINISTRATIVA DO FUNCIONÁRIO PÚBLICO**)
    2.3 **FORMULAÇÃO DO PROBLEMA:** (Elaborar os questionamentos que serão feitos no decorrer da monografia – *Exemplo:* O funcionário público responderá administrativamente por todos os atos praticados no exercício da função?)

Folha 4

3. **OBJETIVOS:**

   3.1 **OBJETIVO GERAL:** (Demonstração genérica acerca do tema a ser desenvolvido – *Exemplo:* Verificar por meio de estudo doutrinário e da legislação pertinentes as implicações administrativas dos atos irregulares praticados pelos funcionários públicos)

   3.2 **OBJETIVOS ESPECÍFICOS:** (*Exemplos:* • Comparar os diversos posicionamentos doutrinários; • Questionar a efetividade prática das legislações; • Propor soluções doutrinárias e normativas)

4. **JUSTIFICATIVA:** (Neste tópico, expor minuciosamente – mínimo de 4 laudas – como o trabalho se desenvolverá, podendo-se iniciar abordagem teórica)

5. **METODOLOGIA E FASES:** (Indicar método de abordagem – indutivo, dedutivo –, método de procedimento – *Exemplo*: comparativo ou não – e técnicas de pesquisa – fazer menção aos ramos do Direito dos quais as obras serão compulsadas)

6. **ORDENAÇÃO DO TEMA:** (Sumário do projeto)

7. **CRONOGRAMA DE ATIVIDADES:** (Datas e períodos do levantamento bibliográfico, leituras e fichamentos, revisão bibliográfica, primeira redação, segunda redação, redação final e entrega do projeto)

8. **BIBLIOGRAFIA BÁSICA:** (Preliminar, devendo ser ampliada ao longo do desenvolvimento do trabalho)

4.2.2 Plano definitivo

O plano definitivo é o resultado do desenvolvimento do plano provisório ou do que constou do projeto de pesquisa. O plano definitivo é a pré-configuração do índice da monografia ou da obra. Igualmente poderá ser alterado.

Aos alunos de Pós-Graduação aconselha-se procurar um orientador com um plano. Obviamente será o plano provisório; isto se no ingresso do curso de Pós-Graduação o plano não foi disponibilizado à instituição acadêmica.

Assim, o momento de elaborar o plano definitivo dependerá do orientador. Na maioria das vezes o aluno estará pronto para elaborar o plano definitivo quando julgar possuir bastante material (já previamente lido) com visão razoável do projeto a ser desenvolvido. O plano definitivo, portanto, é construído progressivamente.

4.3 Desenvolvimento do assunto

É a parte central e mais extensa da monografia. Se o tema comportar subdivisões, estas deverão ser apresentadas segundo uma ordem coerente. Para monografias que visem à persuasão recomendam-se ordens gradativas ascendentes. No Jornalismo, considerando-se que a tendência do leitor de abandonar o texto sempre é maior nas partes iniciais, procura-se ordenar as partes de forma que o mais interessante, importante, prioritário, seja dito ou escrito primeiro.

Para que o trabalho se inicie há necessidade, primeiramente, de apurar o que existe na literatura. Para tanto, o levantamento de dados deverá ser em dois níveis:

a) *nível geral do tema a ser tratado* – relação de todas as obras ou documentos sobre o assunto;

b) *nível específico do tema a ser tratado* – relação de obras ou documentos que somente contenham dados referentes à especificidade do tema a ser tratado.

Como já dissemos, a Metodologia é a explicação minuciosa, detalhada, rigorosa e exata de toda ação desenvolvida no método (caminho) do trabalho de pesquisa.

É a justificativa do tipo de pesquisa, do instrumental utilizado (questionário, entrevista etc.), do tempo previsto, da equipe de pesquisadores e da divisão do trabalho, das formas de tabulação e tratamento dos dados – enfim, de tudo aquilo utilizado no trabalho de pesquisa.

Todo candidato que se propõe a apresentar um trabalho científico deve possuir um método,[1] seja de estudo, de pesquisa ou de redação. Nem sempre o método válido para um aluno será válido para outro. Somente praticando se conhecerá o próprio método.

De qualquer forma, a doutrina arrola dois principais métodos a serem utilizados na elaboração das monografias jurídicas: *método indutivo* e *método dedutivo*.

No *método dedutivo* parte-se do princípio geral (tese) para os exemplos, enquanto no *método indutivo* inicia-se pelos exemplos, construindo uma tese, uma doutrina.[2]

Nada impede que durante um trabalho monográfico se utilizem os dois métodos (tese + demonstração + tese). Aliás, essa é a tendência das monografias jurídicas, em especial nas dissertações e teses.

Há alunos que não conseguem finalizar a redação de um capítulo sem antes passar a outro; sentem-se mais produtivos ao redigirem um pouco de cada item do trabalho, passando as idéias para o papel

---

1. "Todas as Ciências caracterizam-se pela utilização de métodos científicos; em contrapartida, nem todos os ramos de estudo que empregam estes métodos são Ciências. Dessas afirmações podemos concluir que a utilização de métodos científicos não é da alçada exclusiva da Ciência, mas *não há Ciência sem o emprego de métodos científicos*. Assim, o *método* é o conjunto das atividades sistemáticas e racionais que, com maior segurança e economia, permite alcançar o objetivo – conhecimentos válidos e verdadeiros –, traçando o caminho a ser seguido, detectando erros e auxiliando as decisões do cientista" (cf. Eva Maria Lakatos e Marina Marconi, *Fundamentos da metodologia científica*, 4ª ed., p. 83).

2. O *método dedutivo* "destina-se a demonstrar e a justificar tendo por critério: a coerência, a consistência e a não-contradição. Utiliza-se de teorias já existentes, comparando-as e aperfeiçoando-as (...). *Indutivo* – destina-se a verificar, gerando enunciados sintéticos, que provêm de constatações particulares e caminham para generalizações. São métodos que exigem, num primeiro plano, a observação ou a generalização. Em segundo plano transportam-se para o nível da abstração e formulação lógica (...)" – é o entendimento de Maria Amália Alvarenga e Maria Virgínia do Couto Rosa (*Apontamentos de metodologia para a ciência e técnicas de redação científica*, 2ª ed., p. 30).

na medida em que surgem. Outros não pensam em outro item do trabalho enquanto não dão por encerrado determinado capítulo (pelo menos temporariamente).

De fato, uma coisa é certa: cada pessoa trabalha de um jeito. A questão é descobrir qual o próprio *jeito*.

Recomenda-se, nos trabalhos monográficos, que após a escolha do método a ser seguido, e depois de descobrir o *próprio jeito* de elaborá-lo, o candidato siga com determinação, sem se preocupar, a princípio, se o que está escrevendo tem ou não algum sentido. É melhor escrever algo, e deixar a revisão para o final, do que ir fazendo interrupções, e se aprofundar demasiadamente nas leituras.

4.4 Finalização do trabalho

A leitura atenta do que foi escrito é essencial. Sendo possível, deve-se contratar uma pessoa para fazer a revisão ortográfica do trabalho. É comum fazermos uma leitura *viciada* do que escrevemos – ou seja, depois de um determinado ponto não conseguimos enxergar os erros.

Não só erros ortográficos são comuns, mas também problemas com citações, notas de rodapé (falta de elementos), falta de obras essenciais na bibliografia etc. Assim, todo cuidado é pouco, principalmente àqueles que deixam os trabalhos para a última hora.

5
ESTRUTURA BÁSICA DA MONOGRAFIA JURÍDICA

5.1 Apresentação gráfica. 5.2 Parte pré-textual ou preliminar: 5.2.1 Capa – 5.2.2 Folha-de-Rosto ou Frontispício – 5.2.3 Termo de Aprovação – 5.2.4 Dedicatória (não-obrigatória) – 5.2.5 Epígrafe (não-obrigatória) – 5.2.6 Agradecimentos – 5.2.7 Índice Geral (Sumário) – 5.2.8 Lista de Abreviaturas – 5.2.9 Prefácio – 5.2.10 Preâmbulo ou Prólogo (pelo autor). 5.3 Parte textual ou corpo principal do trabalho: 5.3.1 Conclusão ou Conclusões. 5.4 Parte pós-textual ou referencial: 5.4.1 Posfácio (alheio) ou Epílogo (do autor) – 5.4.2 Bibliografia – 5.4.3 Apêndices: 5.4.3.1 Índices de Tabelas – 5.4.3.2 Índices especiais: a) Índice Analítico de Idéias – b) Índice Remissivo Simples – 5.4.4 Resumo. 5.5 Colofão. 5.6 Parte complementar (ou Contracapa, ou "Orelhas"). 5.7 Referências acessórias ou bibliográficas. 5.8 Convenções bibliográficas: 5.8.1 Livros – 5.8.2 Artigos em livros – 5.8.3 Artigos de revistas – 5.8.4 Artigos de jornais – 5.8.5 Internet. 5.9 Lista de abreviaturas mais usadas nas notas de rodapé de textos jurídicos.

5.1 Apresentação gráfica

Para os trabalhos feitos em computador ou máquina de escrever deverá ser usado papel branco de formato A4, com exclusão de todos os outros.

Além do indispensável requisito da *boa qualidade*, convém que o tipo de papel usado não seja muito fino e pouco resistente: neste aspecto, seu *peso* deve girar entre *75 e 90g/m²*.

É de praxe, para a impressão das páginas de teses, o uso de *apenas um dos lados* do papel, isto é, seu anverso.[1]

---

1. Eduardo Marchi, *Guia de metodologia jurídica: teses, monografias e artigos*, p. 293.

Já os trabalhos impressos em *offset* gozam de total liberdade formal.

Todos os textos devem ser espacejados a 1,5 ou 2 linhas. Lembramos que o espaçamento 1,5cm no computador (*Word*) corresponde ao espaço duplo na máquina de escrever.

Deve ser respeitada uma margem suficiente em cima, em baixo e nos lados – geralmente 3cm na margem superior e esquerda e 2cm na margem direita e inferior –, de modo que uma eventual encadernação não dificulte a leitura integral do texto.

Nos trabalhos jurídicos não há rigor em relação às margens, como lembra Eduardo Marchi:

"Cuidando-se de *teses acadêmicas*, é fundamental, antes de mais nada, que a *margem esquerda seja maior* (em pelo menos 1cm) que a da direita, em face da previsão da *encadernação* – ou qualquer outro tipo de enfeixe ou junção das folhas a ser feita. Dependendo, aliás, do tipo de encadernação, pode ser também necessário aumentar-se um pouco a margem da direita, dada a possibilidade de uma pequena redução desta, por conta do eventual uso da guilhotina naquela tarefa"[2] (grifos do autor).

O início de cada parágrafo toma 4 espaços, utilizando-se no computador a tecla "tab" ou, então, no *menu* "Formatar + Parágrafo", como adiante demonstraremos.

Para configurar a página, a primeira iniciativa do digitador do texto é ir à *Barras de Menus* e clicar em "Arquivo", selecionando o comando "Configurar Página".

Clicando neste comando surgirá um aplicativo onde constará uma guia para se determinar as margens (Figura 2) e outra do tamanho do papel (Figura 3).

O *Word* traz um margeamento-padrão, estabelecendo as margens superior, inferior, direita e esquerda.

Caso se queira mudar este margeamento, basta aumentar ou

---

2. Idem, p. 294.

diminuir o tamanho, movimentando as setas que constam dos respectivos campos.[3]

Figura 2

Menu "Configurar Página" – Margens

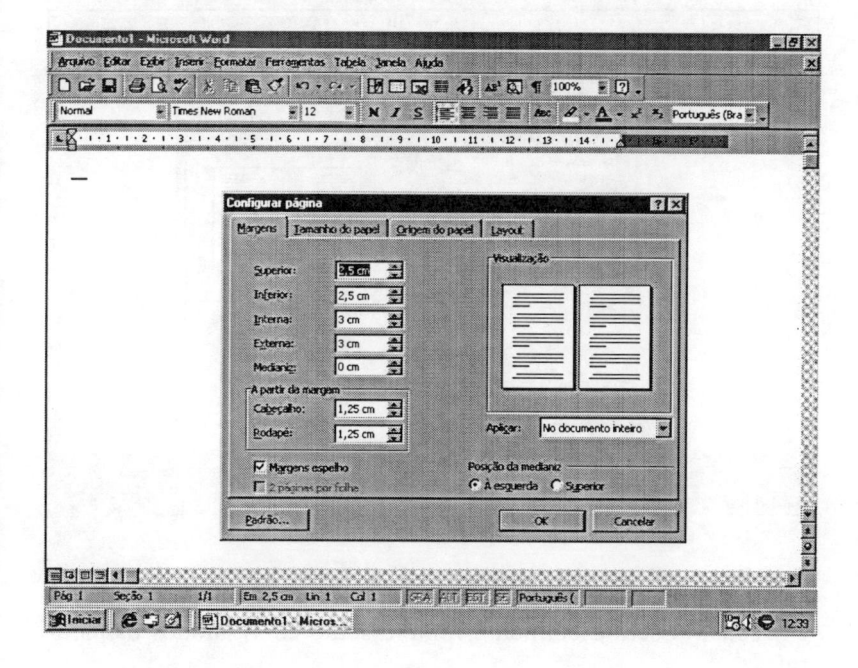

Na seqüência, no mesmo aplicativo, a guia "Tamanho do Papel" deverá ser aberta, escolhendo-se, no campo indicado, o tamanho do papel que se utilizará[4] (Figura 3).

Escolhe-se o formato A4 (21 x 29,7cm) para trabalhos científicos na área do Direito.

---

3. Cf. Antônio Joaquim Severino, *Metodologia do trabalho científico*, 21ª ed., p. 93.

A nosso ver, nos trabalhos jurídicos poderá o aluno manter as margens-padrão estabelecidas pelo próprio *Word*.

4. Antônio Severino, *Metodologia* ..., 21ª ed., p. 94.

Figura 3

Menu "Configurar Página" – Tamanho do Papel

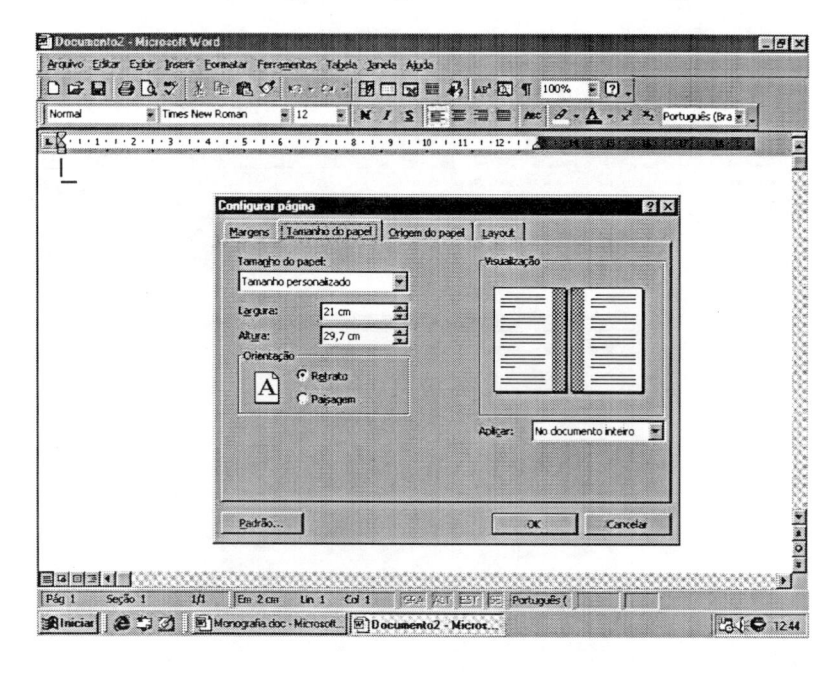

[imagem de tela do Microsoft Word exibindo a caixa de diálogo "Configurar página" com a aba "Tamanho do papel" selecionada, mostrando Largura: 21 cm, Altura: 29,7 cm e Orientação: Retrato]

Para formatar o texto clica-se o comando "Formatar" da *Barra de Menus*; aí será escolhida a fonte e serão configurados os parágrafos.[5]

Quanto à fonte, o *Arial 12* é o tipo usual, e para formatar os parágrafos clica-se em "Formatar + Parágrafos", surgindo a tela da Figura 4, abaixo.

Um primeiro parâmetro, nos "Recuos e Espaçamentos", é o "Alinhamento", no qual deverá ser escolhido "Justificado".

No "Recuo" mantêm-se o "Esquerdo" e "Direito" em "0cm"; no "Especial" clica-se "Primeira linha", aumentando-se o "Por" para "1,25 cm" (está será a entrada de parágrafo); no "Espaçamento", o "Antes" será de "6 pontos" e o "Depois" também de "6 pontos" (dis-

5. Idem, p. 95.

tância entre os parágrafos); e no "Entrelinhas" clicar em "1,5 linha" (que corresponde ao espaço "2" (duplo) na máquina de escrever).

Feito tudo isto, clica-se em "OK", tendo-se, assim, a configuração para todo o trabalho.

Figura 4
Menu "Parágrafo"

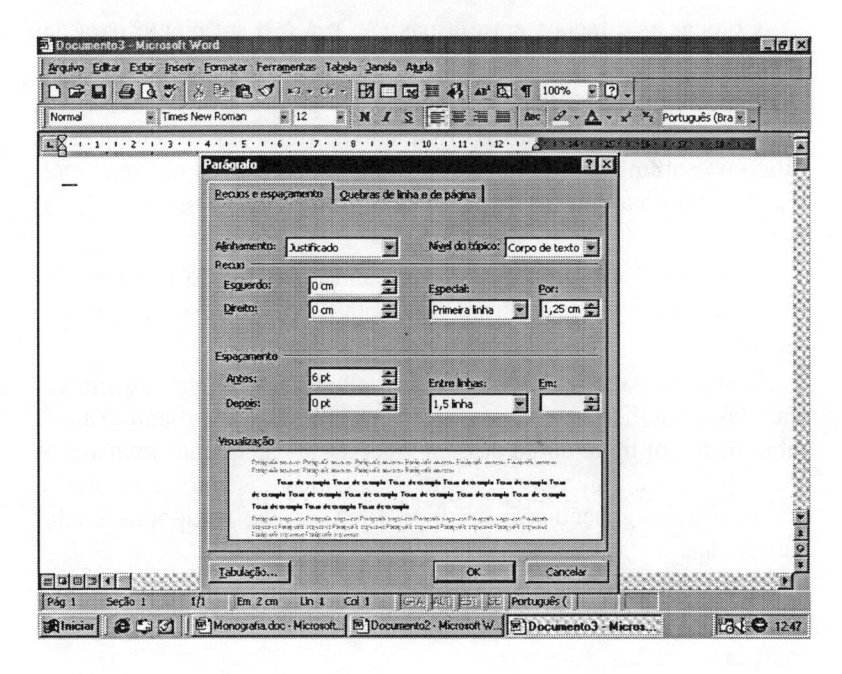

Quanto à letra, como já dissemos, o recomendado, inclusive para qualquer trabalho científico, é o tipo *Arial 12*.

Para notas de rodapé utiliza-se o *corpo 10*, o qual, aliás, já é regra-padrão no *Word* (no caso de se estar elaborando trabalho no computador).

Para os títulos dos capítulos, parágrafos e subparágrafos o tamanho pode, obviamente, variar, em consonância com a percepção estética e as preferências de cada um.

Recomenda-se aqui, mais uma vez, a consulta a um belo e bem-impresso livro ou tese, com aparência ao agrado do pesquisador, de modo a servir-lhe como modelo.[6]

No texto principal e nas notas de rodapé não é aconselhável utilizar mais de dois tipos de caracteres diferentes ao longo de uma obra. Assim, as citações devem ser feitas respeitando-se a letra usada pelo autor citado – ou seja, não há necessidade de fazer as citações em itálico (para dar destaque), em negrito ou sublinhado.

Colocar as citações entre aspas (" ") já é o suficiente para dar destaque.

Uma regra importante é respeitar os próprios destaques feitos pelo autor citado. Se no texto original existirem palavras em negrito, itálico ou sublinhado, a citação deverá acompanhar os mesmos moldes, devendo o aluno inserir na nota de rodapé a expressão "grifo(s) do autor".

Caso o próprio aluno esteja realçando parte(s) do texto citado, deverá a referir-se isto inserindo em nota ("grifos nossos", "g.n." ou "grifamos").

Todas as palavras estrangeiras, inclusive as latinas, devem ser grafadas em itálico, que corresponde ao sublinhado no manuscrito. O sublinhado em linha dupla passa a VERSALETES, pequenas maiúsculas que se utilizam, muitas vezes, para os apelidos dos autores na bibliografia; esta designação provém de VERSAIS, o nome tipográfico das maiúsculas.

As páginas do trabalho monográfico devem ser numeradas com algarismos arábicos no canto superior direito da folha. A capa não é contada.

Se for acrescentada folha-de-rosto, esta é contada mas não recebe o número impresso no papel.

O trabalho deverá ser encadernado ou colado, de forma a evitar a perda de elementos.

As encadernações em espiral ou barbelas, metálicas ou plásticas, apesar de econômicas, são de manuseio pouco agradável, conforme o tamanho do trabalho.

---

6. Eduardo Marchi, *Guia* ..., p. 294.

O aluno deverá informar-se, junto à instituição à qual entregará o trabalho, qual quantidade de exemplares deverá ser entregue e se estes deverão ser encadernados em espiral ou brochura (capa dura).

Algumas Faculdades de Direito, inclusive, exigem determinada cor de capa e de letra (dourada ou preta, por exemplo), conforme a titulação pleiteada – Mestre ou Doutor.

No Direito a cor mais usual é a vermelha.

5.2 *Parte pré-textual ou preliminar*

Contém os elementos do chamado paratexto, que não fazem parte do texto propriamente dito:

5.2.1 *Capa*

O que deve conter:

- Nome da instituição (Universidade) à qual o trabalho deverá ser entregue
- Faculdade (se for Graduação) ou identificação da Pós-Graduação (lato ou estrito senso)
- Nome do autor
- Título do trabalho
- Nome da Cadeira e do respectivo docente, no caso de trabalho de Graduação. Na Pós-Graduação deverá constar o nome do orientador
- Cidade e ano (facultativos, mas se omissos na capa deverão ser indicados no frontispício ou folha-de-rosto)

Figura 5
Modelo de Capa

UNIVERSIDADE DE FREIBURG

Pós-Graduação Estrito Senso em Direito Político

A FORÇA NORMATIVA DA CONSTITUIÇÃO

Konrad Hesse

Cidade

Ano

5.2.2 Folha-de-Rosto
ou Frontispício

Onde se repetem todos elementos da capa e se acrescentam facultativamente subtítulos, morada do editor (no caso de obra literária) etc. e, obrigatoriamente, a cidade e a data, se omitidas na capa.

Normalmente, é da folha-de-rosto que são retirados os dados que comporão a referência bibliográfica, visto que na capa os elementos são muito resumidos.

(V., na página seguinte, Modelo de Folha-de-Rosto.)

5.2.3 Termo de Aprovação

Nem todas as obras relativas à monografia jurídica fazem menção ao "Termo de Aprovação", em especial, porque, igualmente, não são todas as Faculdades de Direito que o exigem.

De qualquer forma, julgamos ser prudente inserir a folha relativa ao "Termo de Aprovação" nas dissertações (de Mestrado) e nas teses (de Doutorado), não sendo tal procedimento usual nas monografias (de Especialização e de "Fim de Curso" – Graduação). Aliás, isto é justificado em razão de as monografias não serem avaliadas por uma "Banca".

(V., na página 65, Modelo de Termo de Aprovação.)

Figura 6
Modelo de Folha-de-Rosto

UNIVERSIDADE DE TORINO

Pós-Graduação Estrito Senso em Direito do Estado

O FUTURO DA DEMOCRACIA:

uma defesa das regras do jogo

Norberto Bobbio

Tese apresentada à Universidade de Torino, como requisito parcial à obtenção do título de Doutor em Direito do Estado[7]

Orientador: ....[8]

Torino

1958

---

7. Esta frase pode sofrer algumas mudanças em sua redação, como: "Tese apresentada à Universidade de Torino, como requisito para obtenção *parcial* do título de Doutor em Direito do Estado".

A nosso ver, não é a "obtenção" que é "parcial", mas sim o "requisito" – ou

Figura 7
Modelo de Termo de Aprovação

O FUTURO DA DEMOCRACIA

uma defesa das regras do jogo

por

Norberto Bobbio

Tese apresentada à Universidade de Torino, como requisito parcial à obtenção do título de Doutor em Direito do Estado

Orientador: _____

Prof. Dr.

_____

Prof. Dr.

_____

Prof. Dr.

Torino, dezembro de 1958

---

seja, a apresentação da tese é *um dos requisitos* para obtenção do título de Doutor, pois só a tese não confere tal título ao candidato.

8. *Observação*: Em algumas obras concernentes a monografia jurídica, nos exemplos, os autores omitem o nome do orientador na folha-de-rosto – o que, a nosso ver, não é correto (v. Eduardo de Oliveira Leite, *A Monografia jurídica*, 4ª ed., p. 24). O crédito pelo trabalho também deve ser conferido ao orientador.

5.2.4 Dedicatória
(não-obrigatória)

Pode-se fazer menção a parentes, um mestre ou pessoas com as quais o autor mantenha alguma relação sentimental, devendo-se excluir deuses, criaturas mitológicas, fantásticas, e animais domésticos.

A "Dedicatória" é bastante comum em dissertações (Mestrado) e teses (Doutorado, Livre-Docência e Titularidade), não sendo usada nos trabalhos resultantes dos cursos de Especialização ou monografias apresentadas por formandos na Graduação.

Figura 8
Modelo de Dedicatória

Às minhas filhas Eduarda e Marcela, frutos de profunda inspiração.

Para Elizabeth, cujo presença foi fundamental para que este trabalho chegasse ao fim.

A todas, com amor.

5.2.5 Epígrafe
(não-obrigatória)

O ideal é que seja pertinente e apresente relação com o tema do trabalho.

Pode-se também eleger uma "Epígrafe" pela profundidade das palavras do autor.

Deve-se evitar os "ditos curiosos", escolhidos somente pelo seu efeito retórico ou anedótico.

Figura 9
Modelo de Epígrafe

> "*ESCRITA,*
> *é sempre você quem me resgata*
> *do limiar o iminente nada*
> *que borbulha*
> *em camadas de pensamentos perigosos*
> *e palavras,*
> *cepas resistentes à droga da vida."*
>
> (Claudia Roquette-Pinto)

5.2.6 Agradecimentos

É extremamente importante agradecer àqueles que conviveram com o autor durante a difícil tarefa de elaboração do trabalho científico. Os "Agradecimentos" são geralmente feitos a personalidades do mundo acadêmico, colegas ou, mesmo, discípulos, bem como a pessoas que tenham contribuído de forma decisiva (material ou outra) para a elaboração do manuscrito.

É comum fazer menção ao orientador nesta parte do trabalho. Porém, cuidado: deve-se evitar exagerar nos elogios, e somente os fazer se forem sinceros.

Figura 10
Modelo de Agradecimentos

> *Agradeço a todos os meus familiares que com paciência souberam entender os momentos de tensão pelos quais passei na elaboração desta tese, em especial à minha esposa Maura e à pequena e doce Marcela, que apesar da pouca idade demonstrou benevolência com minhas falhas como pai.*
>
> *Aos colegas de trabalho e amigos Paulo Sérgio e Tatiana, que leram a versão original e, mesmo sem entender, acharam que "estava bom"!*
>
> *Ao também amigo e orientador Prof. Dr. Eduardo Teixeira, cuja inteligência me inspirou, acreditando na minha proposta e me dando a oportunidade que sempre esperei.*

5.2.7 Índice Geral (Sumário)

Apresentado no início das obras alemãs, inglesas ou americanas, mas no final das obras espanholas, francesas e italianas.

No Brasil usa-se a palavra "sumário" no início das obras, reservando-se "Indice" para o final da obra, como "Índice alfabético-remissivo", "Índice onomástico", "Índice de artigos citados" etc.

Nos trabalhos científicos (monografias, dissertações e teses) o "Sumário" é apresentado antes do texto principal.

5.2.8 Lista das Abreviaturas

É usual tanto em obras freqüentemente citadas ao longo do texto, como em periódicos científicos da especialidade (por vezes estes indicam como deve ser abreviado seu próprio título, mas existem repertórios de siglas, organizados por áreas de investigação, que evitam a duplicidade de referências).

5.2.9 Prefácio

É facultativo, sendo utilizado apenas nos trabalhos a serem publicados como obra literária, e não enquanto monografia, dissertação ou tese.

Não é da responsabilidade do autor, mas de uma pessoa por este escolhida, em geral que se destaca no tema objeto do trabalho.

É comum ser chamado de "Apresentação".

5.2.10 Preâmbulo ou Prólogo
  (pelo autor)

A razão desta prosa é a alusão à natureza, objetivos, conteúdos, necessidade e oportunidade da obra, propostos à leitura.

5.3 Parte textual
ou corpo principal do trabalho

Em geral inicia-se por uma "Introdução". Nesta o autor delimita o tema a ser abordado; é a oportunidade para dizer o que será e o que deixará de ser abordado.

A "Introdução" deve ser elaborada por último, inclusive após a elaboração das "Conclusões".

Dependendo do ramo científico no qual se enquadra o trabalho, costuma-se resumir todos os capítulos na "Introdução", justificando-os – o que na área do Direito não é exigido ou, mesmo, comum.

A "Introdução" é a parte inicial da monografia e possui uma ou mais das seguintes funções:

- Sinalizar que o discurso começa
- Atrair a atenção do receptor
- Dissipar animosidades
- Angariar simpatias
- Fixar o interesse do receptor
- Estabelecer o tema, tese, objetivo

Após a "Introdução" segue-se o corpo do texto, em agregados lógicos compactos: estes podem chamar-se "Partes", "Capítulos" ou, nas obras clássicas, "Livros".

Costuma-se chamar o texto principal de monografia (no seu sentido genérico). Cuida-se de um discurso dissertativo curto e de tema único.

Muitos discursos – como redação escolar, notícia, reportagem, pronunciamento de ocasião, relatório, palestra etc. – enquadram-se nessa definição bastante genérica.

Tal diversidade torna quase impossível estabelecer uma retórica de monografias.

Qualquer tentativa neste sentido terá de se basear no geralmente aceito e geralmente válido, procurando estabelecer critérios de exce-

ESTRUTURA BÁSICA DA MONOGRAFIA JURÍDICA

lência suficientemente gerais, para atender a discursos tão díspares entre si.

O texto deve se dividir em partes, cada uma abordando uma divisão do tema.

Dentro de cada parte vale a regra da unidade temática.

Exemplo: uma monografia que aborde um problema pode se dividir em "Definição", "Efeitos", "Causas" e "Soluções".

Na abordagem das causas, só causas; na dos efeitos, só efeitos.

O autor do trabalho deve ter cuidado com a lógica na seqüência dos assuntos. Os conceitos deverão preceder o aprofundamento da matéria, assim como o histórico (se necessário constar) deverá vir primeiro.

A divisão em partes deve ser acompanhada de recursos de segmentação que permitam identificá-las, tais como os "Capítulos" e seus "Itens".

As partes devem ser organizadas segundo uma ordem conveniente ao objetivo visado. As ordens possíveis são muitas, o que foi visto no tópico próprio.

Deve-se estabelecer uma ligação fluida entre as partes, para que resulte uma impressão de continuidade.

A ligação estabelece uma ponte entre as partes, e impede a percepção do salto. As ligações podem ser feitas usando-se balizas de ligação.

Como tratamos de regras geralmente aceitas, é bom registrar as exceções. Na notícia, por exemplo, esta regra não é seguida, pois se as partes estivessem interligadas ficaria impossível suprimir uma parte da matéria, o que é necessário às vezes, para atender a necessidades de espaço no jornal.

Em trabalhos científicos de Direito (dissertações e teses) recomenda-se não ultrapassar 5 capítulos.

Não há uma explicação racional para isso, mas imaginamos que alongar demais o trabalho demonstra falta de síntese, e escrever pouco (por exemplo, 2 capítulos) indica falta de pesquisa ou incapacidade de analisar e interpretar o tema proposto.

5.3.1 Conclusão ou Conclusões

Esta é indispensável e capital, pois um trabalho inconclusivo não tem qualquer valor.

É a parte colocada por último na monografia, e deve cumprir uma ou mais das seguintes funções:

- Lançar um apelo, se o discurso for persuasivo.
- Concluir, no caso de matéria de discussão.
- Resumir o que foi desenvolvido, para rememorar ou preparar o apelo.
- Sintetizar o exposto.
- Acenar para o receptor com a informação do término da monografia.
- Lançar o elemento novo, inesperado, interessante, extra, ou outra solução que dê ao final um destaque e faça o receptor encerrar a monografia com impressão positiva.
- Acabar quando termina: esta é uma das virtudes que o receptor espera do discurso – quer dizer: quando no discurso coloca-se o ponto final, o receptor deve estar satisfeito, saciado, e não fará perguntas do tipo: "E daí?"; "Terminou?"; "E o resto?" Para isso, algumas regras devem ser observadas: as expectativas geradas têm de ser dissipadas; caso haja tese, esta deve ser provada.

É importante lembrar que não há necessidade de se fazer coincidir o número de conclusões com a quantidade de capítulos, ou seja, de elaborar uma conclusão para cada capítulo.

ESTRUTURA BÁSICA DA MONOGRAFIA JURÍDICA

De outra parte, demonstra concatenação de idéias relacioná-las entre si.

5.4 Parte pós-textual ou referencial

5.4.1 Posfácio (alheio) ou Epílogo (do autor)

Ambos eventuais, podem ser uma nota do editor sobre as condições de divulgação da obra, se estes elementos não constavam da advertência, ou do autor sobre sua recepção e crítica.

5.4.2 Bibliografia

Absolutamente obrigatória. Deve arrolar obras não só concernentes à matéria tratada, mas relativas a assuntos paralelos. É pela "Bibliografia" que se torna possível verificar o esforço de pesquisa do candidato.

Em um trabalho científico é importante constarem obras clássicas e textos modernos e atuais, preferencialmente as últimas referências publicadas sobre o assunto.

Os periódicos jurídicos são bastante recomendados, em razão das peculiaridades das matérias tratadas no Direito. Os temas de revistas especializadas são mais atuais que os abordados em livros.

5.4.3 Apêndices

São materiais de apoio ao texto, elaborados e trabalhados pelo próprio autor, ou então "Anexos", quando se trata de documentos auxiliares alheios. Nos trabalhos jurídicos é rara a utilização de "Apêndices".

Alguns alunos possuem dúvidas a respeito da possibilidade de serem anexadas cópias de acórdãos na monografia, dissertação ou tese.

Não é recomendado, principalmente pelo fato de este material ser bastante acessível (basta que o autor cite a fonte).

5.4.3.1 *Índice de Tabelas*

Ou "de Quadros", "de Gráficos" e/ou "de Gravuras" (*inglês: plates*) que figuraram na parte textual ou mesmo em extratexto (quando não são tidos em conta na seqüência da paginação); estes índices podem também surgir logo após o "Índice Geral".[9] Igualmente não são comuns nos trabalhos jurídicos.

5.4.3.2 *Índices especiais*

Deve-se ter em conta que estes, por mais abundantes e exaustivos que sejam, jamais substituem o "Índice Geral". Entre outros, podem ser:

a) *Índice Analítico de Idéias* – Que indica, para além das respectivas localizações, as diferentes acepções de um mesmo termo.
Exemplos:
CIÊNCIA
– como discurso, p. 27
– conceitos divergentes de Ciência, p. 43

---

9. Maria Martha Hübner esclarece que esse "Índice" só deve ser apresentado quando houver um grande número de figuras ou tabelas. "As figuras (fotografias, gráficos, mapas etc.) são numeradas na ordem em que aparecem, com números arábicos, e as tabelas também. Em ambos os índices deve-se indicar, além do número, o título de cada figura e tabela. É importante ainda esclarecer que há uma diferença entre quadro e tabela; os quadros não contêm informações numéricas e são fechados, com moldura. As tabelas contêm informações numéricas e não devem ser fechadas em suas laterais" (*Guia para elaboração de monografias e projetos de dissertação de Mestrado e Doutorado*, p. 64). Na sua obra Maria Martha Hübner apresentou o "Índice de Figuras" logo após o "Índice Geral" (ou "Sumário"), o que também fizemos neste livro, pois facilita sua consulta pelos leitores.

– a História como Ciência Humana, p. 74

b) *Índice Remissivo Simples* – Apenas com a indicação do termo indexado.

Existem outros índices que deixaremos de abordar ("Índice Onomástico" e "Índice Toponímico"), por não serem utilizados em obras jurídicas.

5.4.4 Resumo

"Sinopse", "Sumário" ou *"Abstract"* – aconselhável sobretudo em dissertações e teses e exigido por algumas Universidades e editoras responsáveis por publicações periódicas; deve ser feito em duas línguas, uma delas estrangeira e que possa ser considerada língua científica na especialidade em questão.

Por *língua científica* de uma dada disciplina entende-se, consensualmente, os idiomas nos quais foram e são produzidas significativas contribuições para seu avanço, quer quantitativa quer qualitativamente. Por exemplo, o Alemão é língua científica em Filosofia; o Inglês, em Matemática; o Francês, em Estudos Literários e no Direito etc. Na dúvida, utilize-se o Inglês, língua franca mundial.

Em geral, os cursos de Pós-Graduação *stricto sensu* exigem do candidato uma (Mestrado) aprovação – ou mais (Doutorado) – em exames de proficiência de idioma estrangeiro, o que leva o autor a fazer o resumo nas línguas nas quais se submeteu ao exame.

Não há consenso acerca da localização do "Resumo" no trabalho. Todavia, adotando a melhor estética, o ideal é que o "Resumo" seja o último elemento a ser colocado, na seguinte ordem: primeiro o "Resumo" em Português e depois os "Resumos" em idiomas estrangeiros (1 para o Mestrado e 2 para o Doutorado). Nos demais trabalhos monográficos o "Resumo" não é essencial, salvo se a instituição exigir.

Délcio Vieira Salomon aprofundou o assunto, concluindo topicamente, de que forma deve ser redigido um *"Abstract"*:

"(...) é unânime a opinião do estudiosos (...) de que os *Abstracts* devem ser seletivos e não abarcar tudo o que se publica sobre determinada matéria;

"(...) há quase-unanimidade em se exigir que os *Abstracts* sejam destituídos de crítica (...) a UNESCO em 1949 decidiu que os Resumos devem vir sem crítica;

"(...) fundamentalmente devem ser objeto de *Abstracts* as seguintes publicações científicas: artigos, teses, patentes, livros, atas, conferências, informes relativos aos novos aparelhos técnicos e científicos, tudo, em suma, que se relaciona com o progresso da Ciência e da Técnica."[10]

De maneira clara, Maria Martha Hübner enumerou os requisitos de um "Resumo":

"Máximo de 250 palavras.

"Espaço 1.

"Cabeçalho nos moldes de uma referência bibliográfica de livro."[11]

5.5 Colofão

Notas de impressão onde constam local, data, número de exemplares, nome e local da tipografia e mesmo lema do impressor. Nas obras antigas era colocada no final do "Colofão" a dedicatória ou o louvor a personagem religiosa.

Não é utilizado nos trabalhos monográficos, apenas inserido quando estes são enviados a publicação.

5.6 Parte complementar
(ou Contracapa, ou "Orelhas")

As "Orelhas" – dobras internas da capa e contracapa – podem conter um extrato do "Prefácio" ou do "Prólogo", ou um breve apon-

---

10. *Como fazer uma monografia*, 9ª ed., pp. 195-196.
11. *Guia* ..., p. 65. Acresça-se que especificamente em relação às dissertações e teses na área do Direito não se faz necessária a referência bibliográfica, visto que os resumos são inseridos ao final do trabalho constando como título (na folha) apenas a palavra "Resumo", ou "*Abstract*", ou "*Resumée*", dependendo do idioma escolhido, seguindo-se o texto, em geral em uma ou duas laudas.

tamento biográfico sobre o autor, acompanhado ou não de fotografia ou gravura.

É comum nas obras jurídicas que se faça menção ao *curriculum* resumido do(s) autor(es). Nada obsta a tal prática. Apenas devem ser evitados elogios demasiados, como se pode encontrar nas obras americanas e inglesas.

5.7 Referências acessórias ou bibliográficas

Antes de entrarmos no tema das *referências acessórias*, mais conhecidas como *notas de rodapé*, cumpre fazer algumas considerações a respeito das *citações no corpo do trabalho*.

As citações de textos nada mais são que simples alusão às palavras ou aos escritos de outrem.

As citações devem ser identificadas, colocando-se aspas antes e ao final do texto transcrito.

Não são raras referências irresponsáveis, que impossibilitam o leitor de acessar a fonte principal; como tais, não são cabíveis em um trabalho científico, onde somente é possível a citação textual, na qual a passagem ou passagens transcritas são exatamente iguais ao texto consultado.

A citação pode ocorrer no corpo do trabalho ou nas notas. Até o limite de 5 linhas, as palavras citadas são integradas ao texto. A partir desse número é necessário destacá-las, utilizando-se um ou mais dos seguintes processos:

• separação por parágrafo;
• ampliação das margens da folha (margem maior ou pelo menos ampliada à esquerda).

Não é aconselhável, ao se transcrever um texto, modificar o tamanho da letra e o espaço das entrelinhas. A grafia em itálico, negrito ou sublinhado, se não pertencer ao texto original, deve ser anunciada pelo autor do trabalho monográfico com a observação "grifo nosso", "g.n." ou "grifamos".

As referências acessórias são utilizadas para identificar todas as citações presentes no texto, emitir breves considerandos sobre as fontes utilizadas, ou tecer considerações marginais e desenvolvimentos laterais, de modo a não fragmentar a seqüência do discurso.

Também podem servir para remeter o leitor às referências intratextuais ou a outras obras de interesse correlato, não citadas na "Bibliografia".

Sua localização no rodapé da página é a mais conveniente.

Nos livros antigos podem ainda ser encontradas nas margens laterais, no final de capítulo ou da obra; mas esta apresentação não deve ser adotada, pois torna sua consulta fastidiosa.

O bom senso obriga a dosá-las parcimoniosamente: um texto cujas notas no rodapé ocupem espaço superior ao do corpo principal está mal-estruturado e desrespeita o leitor.

Para as notas, de preferência, deve ser obedecida uma numeração única ao longo da obra, e nunca reiniciada com a mudança de página ou capítulo, apesar de alguns autores de livros de Metodologia sugerirem a numeração por capítulo.[12]

Atualmente, como os trabalhos, na sua maioria, são feitos em computador, a numeração seqüencial ao longo da obra se torna possível, pois o próprio *Word* já numera automaticamente as notas de

---

12. É a visão de Eduardo Marchi: "Quanto à *numeração progressiva* das notas de rodapé, discute-se qual seria a solução melhor: *página por página, capítulo por capítulo*, ou *unitariamente (da primeira à última página)*? É inegável que, em teoria, o melhor sistema é o da *numeração progressiva unitária*. Ela *facilita enormemente o trabalho do leitor* na procura de determinada nota, em caso de remissão a ela por parte do autor. Em contrapartida, em relação ao *trabalho do autor*, tal solução *não é das melhores*. Querendo ele, na fase final da pesquisa, modificar, suprimir ou acrescentar alguma nota de rodapé, ver-se-ia na contingência de alterar toda a numeração corrida das notas do trabalho, bem como – de modo especial – modificar todas as correspondentes remissões a elas, o que geraria um enorme transtorno e uma grande perda de tempo.
Por outro lado, a solução diametralmente inversa, representada pela numeração corrida das notas apenas *página por página*, parece muito *antiquada e rústica*. Assim sendo, *o método aparentemente mais ideal* (ao menos no tocante ao mister do autor) seria o de optar-se pelo meio-termo, ou seja, pela *numeração corrida capítulo por capítulo*" (*Guia ...*, p. 281 – grifos do autor).

rodapé, mesmo que se deseje inserir notas *a posteriori*.[13] O espacejamento é simples, ou seja, o menor possível e sempre inferior ao do corpo principal do texto.

O *Word* também automaticamente faz as notas de rodapé ficarem com tamanho de letra menor.

Nos trabalhos jurídicos as referências bibliográficas feitas em nota não obedecem à regra bibliográfica geral da inversão da ordem do nome próprio/apelido.

Quanto à forma de citação de nome de autores em nota de rodapé, devemos fazer algumas considerações.

Nos livros jurídicos e mesmo nos de Metodologia Jurídica por nós pesquisados encontramos várias formas de transcrever em nota de rodapé os nomes de autores citados. Assim, dentre as hipóteses extraídas desses livros, julgamos possíveis de serem adotadas as seguintes:

a) Prenome(s) seguido(s) de sobrenome(s) por extenso, só com a primeira letra maiúscula[14]

Exemplo: Arnaldo Rizzardo.

b) Prenome(s) abreviado(s) seguido(s) de sobrenome(s) só com a primeira letra maiúscula

Exemplo: M. Kfouri Neto.

c) Prenome(s) abreviado(s) em letra maiúscula seguido de sobrenome(s) em letras maiúsculas[15]

---

13. Mas, para efeito de edição da obra, é mais conveniente a numeração por capítulos, o que possibilita a alteração da numeração das notas (inserções ou supressões) de uma edição para outra, sem ter que remanejar todas as demais notas do livro, ou sem ter de recorrer ao recurso da nota "xx-A", "xx-B" etc.

14. É a forma adotada por Carlos Maximiliano ao longo de sua obra *Hermenêutica...., ob. cit.*

15. Para Eduardo Marchi "tratando-se de citação no *corpo do texto* ou em *nota de rodapé*, os prenomes devem vir *abreviados pelas iniciais*, e sempre *prepostos* aos sobrenomes" (*Guia...., ob. cit.*, p. 194) (grifos do autor).

Exemplo: F. C. PONTES DE MIRANDA

d) Sobrenome(s) em letra maiúscula seguido(s) de prenome(s) abreviado(s) em letra maiúscula[16]
Exemplo: CRETELLA JÚNIOR, J. F.

e) Prenome(s) por extenso com sobrenome(s) em letras maiúsculas[17]
Exemplo: Manoel Gonçalves FERREIRA FILHO.

O que não se admite é a aplicação da regra da bibliografia final às notas de rodapé, ou seja, transcrever o(s) sobrenome(s) em letras maiúsculas, seguido(s) do(s) prenome(s) com as iniciais em maiúscula e por extenso.
Exemplo: FAGUNDES, Miguel Seabra.

Ao longo desta obra seguimos o modelo utilizado no item "a" acima, por julgarmos ficar mais corrente a leitura dos nomes dos autores citados. Igualmente como faz Carlos Maximiliano,[18] somente na primeira referência bibliográfica (em nota de rodapé) constará o nome completo (prenome /sobrenome) do autor citado; nas notas posteriores omitimos alguns nomes/sobrenomes, de forma a constar apenas o primeiro prenome e o último sobrenome (isso quando o nome completo do autor é muito extenso).

Lembramos que é comum e correto, quando se trata de autores muito conhecidos na área jurídica, omitir o prenome, como por exemplo, Pontes de Miranda ou Duguit.

Como última consideração a esse respeito, ressaltamos que o autor da monografia jurídica deverá seguir a mesma regra, do início ao fim do seu trabalho.

Quando for repetida a referência a um mesmo autor, presente na nota imediatamente anterior, utiliza-se a palavra *idem*.

16. É a posição adotada por Maria Martha Hübner, *Guia...*, ob. cit., p. 27.
17. Antônio Severino adota esta regra, em *Metodologia...*, ob. cit., p. 110.
18. *Hermenêutica...*, ob. cit.

Exemplo:
5. Maria Teresa Cavalcanti, *Tratado de Direito Civil,* p. 57.
6. Idem, *Curso de Direito Civil,* p. 108.

Se repetida a referência a uma mesma obra, já citada na nota precedente, utiliza-se a palavra *ibidem.*

Exemplo:
8. José Gonçalves Pereira, *Manual de Informática Jurídica,* p. 6.
9. Edson Duarte Filho, ibidem, p. 58

Quando a referência coincide em autor e obra escreve-se *idem, ibidem* (ou *id., ibid.*).

Exemplo:
11. Maria Helena Diniz, *A Ciência Jurídica,* p. 54.
12. Idem, ibidem, p. 55.

Quando for citada obra de um autor já referido, mas em nota não imediatamente anterior, indica-se o nome do autor seguido de *ob. cit.* (ou *op. cit.*).[19]

Exemplo: José Afonso da Silva, *Curso...,* ob. cit., p. 111.

Caso a intenção seja confrontar com uma interpretação ligeiramente divergente daquela que foi adotada, deve-se escrever, antes dessa referência bibliográfica completa, a menção *cf.*

---

19. Para Eduardo Marchi (*Guia...,* ob. cit., pp. 288-289) com o qual concordamos, deve-se evitar o uso da forma *op. cit.,* por ser bastante antiquada. Diz referido autor: "Pense-se no suplício – já sofrido até mesmo por jovens estudantes – daquele leitor que, quase ao final da leitura, diante de uma *'op. cit.'* e querendo identificar a obra citada, vê-se na contingência de retornar, página por página, na espinhosa procura da primeira citação com os dados completos da obra desejada. Deve-se evitar tal incongruência metodológica. Apresentam-se, em substituição ao recurso do *'op. cit.'* duas técnicas melhores: 1ª) A *primeira* resume-se a, depois de feita a inicial citação completa de uma obra, inserir nas remissões subseqüentes a *primeira ou as primeiras palavras do título,* seguidas da abreviação 'cit.' (e, obviamente, também da indicação da página). (...) Tal técnica, todavia, para ser eficaz, *depende* inteiramente da inserção, ao final do livro ou do artigo, *da bibliografia completa das obras consultadas.* (...)". Exemplo: José Teixeira da Silva, *Compêndio...,* cit., p. 54. "2ª) A *segunda técnica* consiste em, uma vez realizada a primeira citação da obra com seus dados completos, inserir, nas remissões seguintes, uma *notícia compacta sobre o exato lugar* onde foram aqueles dados lançados" (grifos do autor). Exemplo: José Teixeira da Silva, *nota 4.II supra,* p. 34.

Exemplo: Cf. José Afonso da Silva, *Curso...*, ob. cit., p. 169.

Se o argumento utilizado for totalmente oposto a outro, que ainda assim desejamos registrar, então indicaremos a sua localização bibliográfica precedido de *contra* ou *pace*.

Exemplo: Contra: Anísio Teixeira, *Tratado...*, ob. cit., p. 43.

Se, caso contrário, pretendemos confirmar os pontos de vista com o testemunho de outros autores, então iniciamos a indicação com *vide*.

Exemplo: Vide Paulo da Costa, *Recurso Especial...*, ob. cit., p. 56.

Quando a alusão a um texto prolongar-se por várias páginas sucessivas, em alternativa a *pp. 4-7* pode usar-se *p. 4 e ss*. Claro que citações tão extensas nunca serão formais, mas conceituais.

Exemplo: Manoel Gonçalves Ferreira Filho, *Curso...*, ob. cit., p. 10 e ss.

Se o assunto em discussão ocorrer em diversos locais da obra citada, a regra é que sejam indicadas páginas específicas.

Exemplo: Manoel Gonçalves Ferreira Filho, *Curso...*, ob. cit., pp. 10, 13 e 17.

Devem-se evitar citações de "segunda mão" (citação recolhida por outro autor); as passagens devem ser confirmadas com ida às fontes indicadas. Sendo impossível acessar a fonte, por insuficiente identificação desta na citação original, ou por se tratar de obra esgotada ou impossível de ser encontrada, deve-se intercalar, entre a passagem citada e a fonte original, a palavra *apud*.

Exemplo:

Pedro Melograni, *Guida alla tesi di laurea in materie giuridiche e politico sociali*. Bologna: Patron, 1978, p. 43, *apud* Eduardo Marchi, *Guia...*, ob. cit., p. 14.

Cuidado! Não sendo possível ter acesso à fonte original (por se tratar de obra rara, esgotada), deve-se atentar para as interpretações do autor utilizado ("de segunda mão"), ou seja, a forma como este interpreta as idéias do autor original.

Reserva-se o uso da partícula *in*, para casos em que o autor de um artigo ou capítulo seja outro, que não o autor ou organizador da obra.

Exemplo:

Márcia Walquiria Batista dos Santos. "A Teoria da imprevisão e os contratos administrativos". In Maria Garcia (coord.). *Estudos sobre a lei de licitações e contratos administrativos.* Rio de Janeiro, Forense Universitária, 1995, p. 185.

5.8 Convenções bibliográficas

Conforme exposto na *Introdução* deste livro e reforçado em vários tópicos, a metodologia dos livros jurídicos possui peculiaridades não encontradas em obras de outros segmentos. No Direito, não são utilizadas integralmente as normas da ABNT – Associação Brasileira de Normas Técnicas.[20]

Mesmo no campo jurídico, encontramos regras metodológicas divergentes, que procuraremos, no presente tópico, trazer ao conhecimento do leitor.

Assim, nas monografias jurídicas não há um padrão considerado "o melhor" ou "o mais correto". Existe, na realidade, bom senso dos autores (muitas vezes justificado), ao adotarem essa ou aquela regra metodológica.

Os trabalhos jurídicos seguem uma estética e uma formatação próprias, e algumas instituições adotam padrões próprios para os trabalhos científicos que exigem. Assim, é difícil encontrar um examinador, na área do direito, que defenda a necessidade de se utilizar as normas da ABNT. Mesmo não as usando, a monografia, dissertação ou tese podem ser bem apresentadas metodologicamente. É o que demonstraremos a seguir.

5.8.1 Livros

Apelido e nome do autor (segundo alguns autores este último pode ser abreviado),[21] título e subtítulo em itálico, edição (se não se

---

20. A respeito ver notas 1 e 2, do Capítulo 1, desta obra.
21. Maria Martha Hübner, *Guia...*, ob. cit., p. 27 e Maria Amália Alvarenga e Maria Virgínia de Figueiredo do Couto, *Apontamentos de metodologia para a ciência e técnicas de redação científica,* 2ª ed., p. 119. Para nós, o nome do autor, na bibliografia, deve ser transcrito de forma completa, como, também entende Eduardo de Oliveira Leite, *A monografia...*, ob. cit., p. 48.

tratar da primeira), volume, menção "tese de Mestrado, Doutoramento apresentada à Universidade de ...",[22] local, editora e data de publicação. Atualmente foi abolida a referência ao número de páginas do livro.[23]

Na nota de rodapé dever-se-á indicar a(s) página(s) do livro consultado.

Exemplo:

HÜBNER, Maria Martha. *Guia para Elaboração de Monografias e Projetos de Dissertação de Mestrado e Doutorado*. São Paulo: Pioneira Thomson Learning, Mackenzie, 2001, pp. 10-12.

Seguir, se for o caso, a menção: trad. port. ("ou tradução de..."),[24] nome e apelido do tradutor (facultativo), título da obra traduzida em itálico, local e data desta edição.

Se a intenção for apenas registrar a tradução, então o título traduzido deverá ser indicado em itálico, seguido da menção "trad.", do idioma abreviado, do nome do tradutor (dispensável) e do local e data de edição.

Exemplo:

HOERSTER, Norbert. *En defensa del positivismo jurídico*. Trad. de Jorge M. Seña. Barcelona, Gedisa, 1992.

---

22. Esta menção só se aplica a obras não disponíveis ao público em edição comercial, e cujos volumes se encontrem nas secretarias e bibliotecas das Universidades. Caso a obra tenha sido objeto de uma edição comercial esta menção será omissa. Convém sempre citar a versão publicada, necessariamente posterior, não só pela maior facilidade de consulta para os leitores, mas também por ter sido objeto de revisão e melhoramento.

23. Didática é a exposição de Antônio Joaquim Severino: "Todos os elementos da referência bibliográfica são separados por *pontos*. O sobrenome de entrada do autor é separado dos demais elementos de seu nome completo por *vírgula*; o nome completo do autor é separado do título por dois-pontos; o título é separado dos elementos seguintes por ponto final; a editora é separada da cidade, de acordo com anorma da ABNT, por dois-pontos; todos os sinais de pontuação são seguidos de dois espaços vazios; datas e páginas ligam-se por hífen; separam-se por barras transversais os elementos de períodos cobertos por fascículo referenciado" (*Metodologia...*, ob. cit., p. 115).

24. Nossa recomendação para os trabalhos jurídicos, é que se insira referência ao tradutor.

Nos títulos de obras a serem citadas, apenas a primeira palavra pode ser grafada com letra maiúscula. Esta é a tendência atual.

Exemplo:

KELSEN, Hans. *O problema da justiça*. Tradução de João Baptista Machado. São Paulo, Martins Fontes, 1993.

Nos títulos de obras francesas, italianas e latinas, apenas a primeira palavra (partícula ou não) é grafada com maiúscula inicial. Em espanhol, o sistema tende ao hibridismo. Em alemão, tanto a primeira palavra como todos os substantivos seguintes são, também iniciados com maiúscula. Em qualquer idioma, os nomes próprios, constantes de um título, também exigem letra maiúscula inicial.

A separação entre autor e título deve ser feita por ponto.

Exemplo:

DIAS, Jorge. *Estudos de Antropologia*, vol. 1. Lisboa, Almedina, 1990.

Quando existem dois autores, o nome e apelido dos dois obedece à regra da inversão bibliográfica.

Exemplo:

BRETON, Philippe, e PROULX, Serge. *A Explosão da Comunicação*, trad. port., Lisboa,1997.

Quando os autores são três ou mais, serão todos citados, separando-se os nomes por ponto e vírgula.

Exemplo:

FERREIRA, Joaquim; SILVA, Manoel da; TEIXEIRA, José; COSTA, Paulo. *Introdução à linguística geral e portuguesa*. Lisboa: Almedina, 1996.

No caso dos livros compostos de artigos, o nome do organizador, compilador, ou por vezes também chamado "editor", pode substituir o do autor,[25] apesar de ser mais usual, colocar o nome do autor do artigo constante da obra.

---

25. Lembramos que essa regra não é válida para as notas de rodapé, nas quais se faz referência ao autor do artigo, além do nome da obra.

Exemplo:

COELHO, João do Prado (org.). *Dicionário de Literatura Portuguesa*, 5 vols., Lisboa, Almedina, 1989.

Somente será mencionada mais de uma edição da mesma obra, quando existirem diferenças significativas, entre os conteúdos ou a forma de apresentação da última versão e os da obra anterior, ou um grande hiato entre as suas datas de publicação.

Exemplo:

HAVELOCK, Eduard. *Preface to Plato*, Cambridge: Max Editor. 1963, 1994.

Tratando-se de uma simples reedição (sem nenhuma alteração no seu conteúdo ou na sua formatação), dever ser usada a menção "reimpressão" (ou "2ª tiragem"), e após o ano da reedição. Na indústria editorial portuguesa, espanhola e francesa, alguns editores confundem, intencionalmente, o conceito de nova edição com o de nova tiragem (reimpressão) visando a atender, basicamente, intuitos comerciais.

Exemplo:

GOODY, Jack. *The domestication of the savage mind*. Cambridge, 1977, 1995 (reimpressão).

Em obras espanholas, há que se observar, que o apelido a indexar é o primeiro e não o último, como na generalidade das línguas.

Exemplo:

RUIZ GARCÍA, Elisa. *Manual de codicología*. Barcelona: Gedisa, 1988 (e não GARCÍA, Elisa Ruiz).

A única exceção dar-se-á, quando o primeiro apelido do autor espanhol estiver abreviado.

Não é sempre possível se obter em uma obra todos os elementos indispensáveis à uma correta referência. Nesses casos deverão ser usadas as expressões:

s/l – sem local de edição
s/d – sem data
s/a – sem indicação de autor

5.8.2 Artigos em livros

Apelido e nome do autor do artigo, título do artigo em redondo só com maiúscula inicial, seguido da menção "in" e do nome e apelido do coordenador/compilador da obra geral, título da obra geral em itálico etc.

Exemplo:

HERAS, Antonio Ramón de las. "Hipertexto y libro electrónico". In José Romera Castillo *et al.* (org.). *Literatura y multimedia.* Madrid: Complutense, 1997.

5.8.3 Artigos de revistas

Deverão ser mencionados o apelido e nome do autor, o título do artigo somente com maiúscula inicial, o nome da publicação em itálico, seguido do seu número de série em redondo, o local, a data e as páginas.

Exemplo:

SANTOS, Francisco Delfim. "O estatuto da cidade". In *Revista de Direito Imobiliário.* São Paulo, Imprensa Universitária, v. II, n. 2, pp. 9-13, jan./mar. 1998.

5.8.4 Artigos de jornais

Com grande tiragem, publicações periódicas (diários, semanários etc.), dispensam o local de publicação (caso se queira fazer referência, o local apropriado é após o nome do periódico). O número de série, embora aconselhável, é facultativo e a data é expressa em dd.mm.aa.

Exemplo:

PIMENTA, Alberto. Sem coluna vertebral. *Diário de Notícias,* p. 8-d, 29 jan. 95.

No caso de tratar-se de artigo sem autoria (*Exemplo:* editoriais)

Exemplo:

"A violência inibindo a sociedade". *Folha de S. Paulo,* p. A3, 22 jan. 2002.

5.8.5 Internet

A *Internet* representa uma novidade nos meios de pesquisa. Trata-se de uma rede mundial de comunicação, via computador, onde as informações são trocadas livremente entre todos os usuários.

Sem dúvida, a *Internet* representa uma revolução no que concerne à troca de informações. A partir dela, todos podem se comunicar. Mas, se ela pode facilitar a busca e a coleta de dados, ao mesmo tempo oferece alguns perigos; na verdade, as informações passadas por essa rede não têm critérios de verificação da qualidade da informação.

Explicando melhor: qualquer um pode colocar sua *Homepage* (ou sua página) na rede. Vamos supor que um indivíduo coloque sua página na *net* (rede) e o objetivo desta página seja falar sobre a História do Brasil: ele pode perfeitamente, sem que ninguém o impeça, dizer que o Brasil foi descoberto "por Diogo da Silva, no ano de 1325".

Sendo assim, deve-se levar em conta que toda e qualquer informação, colhida na Internet, deverá ser confirmada antes de divulgada.

As regras de referência de artigo extraído da Internet são as seguintes:

- Apelido e nome do autor quando disponível;
- nome do documento seguindo as regras bibliográficas para os títulos de artigos;
- data de publicação do *site* (se facultada pelo autor) e/ou data de acesso ao *site*; esta relativa indefinição temporal provém da suposição de que os documentos publicados na *www* estejam em atualização contínua, sendo apenas importante referir o momento da sua presença *online*.

Exemplo:

SANTOS, Francisco Delfim. "Precauções no trânsito". Disponível em: <http://www.nataraja.net/delfim/genesis.htm>. Acesso em: 22 jan. 2003.

ESTRUTURA BÁSICA DA MONOGRAFIA JURÍDICA   89

Nota: quando a página citada corresponde a <home.htm>, <default.htm> ou <index.htm>, assumidos automaticamente pelo *servidor*, a referência está limita ao diretório correspondente: <http://www.nataraja.net/cea> e não <http://www.nataraja.net/cea/default.htm>.

5.9 Lista de abreviaturas mais usadas nas notas de rodapé de textos jurídicos

aauu. (auctores uarii) – vários autores

aka (also known as) – também conhecido como... (indicação de um pseudônimo)

ap. ou **apud** – conforme citação em...

cf. (confer) – confira

cf. supra p. 2, § 4 – confira acima na página 2, parágrafo 4 (parágrafos ou páginas anteriores ao texto)

cf. infra p. 115, l. 8 – confira abaixo na página 115, linha 8 (linhas ou páginas posteriores ao texto)

cf. nota 3 – confira a nota 3

col. ou **cols.** – coluna(s)

Copyright ou © – direitos de autor reservados por...

e. g. – **exempli gratiae** – por exemplo

eod. loc. ou **eodem loci** – no mesmo lugar, na mesma página da mesma obra antes citada

et al. ou **et alii** – e outro(s)

ex. – **p. ex.** – exemplo – por exemplo

explicit – final de um texto, que não deve ser confundido com o colofão

ibid. ou **ibidem** – na mesma obra

id. ou **idem** – o mesmo (autor)

id., ibid. ou **idem, ibidem** – o mesmo autor, na mesma obra

i. e. – **id est** – isto é

in – em, na obra

incipit – início de um texto, que não deve ser confundido com o título e os subtítulos ou cabeçalhos

ms., mss. (manu scriptum, scripti) – escrito(s) à mão

n. b. (nota bene) – atenção a esta nota

ob. cit. – obra citada

op. cit. ou **opere citato** – obra citada

p. s. (post scriptum) – escrito depois

pp. ss. ou p. 4 e ss. – páginas seguintes ou página 4 e seguintes

pp. (paginis) – páginas

pass. (passim) – em vários passos da obra

s. u. (sub uoce) – sob o lema (entrada) lexical, usado em enciclopédias e dicionários

tir. (tiragem) – reimpressão – ano da, suprascrito após a respectiva data (por limitações técnicas substituídas aqui por parêntesis)

ud. ou **uide** ou **v.** ou **vide** – veja

ut supra, ut dictum supra – como acima foi dito

§ – parágrafo

N. B.: em latim ao "V" maiúsculo corresponde o "u" minúsculo.

Atenção: certas abreviaturas estrangeiras não são grafadas com pontos, mas sim como palavras compactas: **asap (as soon as possible), aka (also known as)** etc.

CONCLUSÕES

As monografias jurídicas espelham a vontade (e, por vezes, a necessidade) que o autor, aluno ou profissional do Direito, possui de aprofundar determinado tema.

A lógica, coerência, criatividade e profundidade (esta, nos trabalhos de Pós-Graduação) são fatores a serem levados em consideração, sob pena de o autor não alcançar o principal objetivo, que é o de fazer um texto aproveitável ao leitor.

A escolha do tema deve ser feita com muita prudência, de preferência entre assuntos que digam respeito à formação educacional ou prática (profissional) do autor.

São vários os livros existentes na área de metodologia jurídica; é importante que alguns deles sejam consultados para que se possa ter uma idéia mais exata dos métodos a serem utilizados. Por vezes, torna-se necessário consultar outros trabalhos monográficos a fim de se captar a estética usual da instituição envolvida.

Esperamos que, diante da árdua e solitária tarefa de escrever um texto mais profundo, os alunos encontrem no presente livro indícios de forma, sem esquecer de que o conteúdo deve ser minuciosamente discutido com os mestres e orientadores.

BIBLIOGRAFIA

AGUILLAR, Fernando Herren. *Metodologia da ciência do direito*. 2ª ed. São Paulo: Max Limonad, 1999.

ALVARENGA, Maria Amália de Figueiredo Pereira; ROSA, Maria Virgínia de Figueiredo do Couto. *Apontamentos de metodologia para a ciência e técnicas de redação científica*, 2ª ed. rev. e ampl. Porto Alegre: Fabris, 2001.

ALVES, Alaôr Caffé. *Lógica, pensamento formal e argumentação – Elementos para o discurso jurídico*. Bauru (SP): EDIPRO, 2000.

BITTAR, Eduardo Carlos Bianca. *Metodologia da pesquisa jurídica*. São Paulo: Saraiva, 2000.

BORGES, Edinaldo de Holanda. *Teoria científica do direito*. São Paulo: Oliveira Mendes, 1998.

BUZANELLO, José Carlos. "Epistemologia Jurídica". *Revista de Informação Legislativa* 124.

CRUZ, Anamaria da Costa; PEROTA, Maria Luiz Oures Rocha; MENDES, Maria Tereza Reis Mendes. *Elaboração de referências (NBR 6023/2000)*. Rio de Janeiro: Interciência, Intertexto, 2000.

DINIZ, Maria Helena. *Conflito de normas*. São Paulo: Saraiva, 1987.

ECO, Umberto. *Como se faz uma tese*. Tradução de Gilson Cesar Cardoso de Souza. São Paulo: Perspectiva, 1989.

GRAU, Eros Roberto. *Direito, conceitos e normas jurídicas*. São Paulo: Ed. RT, 1988.

HÜBNER, Maria Martha. *Guia para elaboração de monografias e projetos de dissertação de Mestrado e Doutorado*. São Paulo: Pioneira, Thomson Learning, Mackenzie, 2001.

LAKATOS, Eva Maria; MARCONI, Marina de Andrade. *Fundamentos de metodologia científica*. 4ª ed. rev. e ampl. São Paulo: Atlas, 2001.

LARA, António de Sousa. *Ciências políticas: metodologia, doutrina e ideologia.* Lisboa: Instituto Superior de Ciências Sociais e Políticas, 1998.

LARENZ, Karl. *Metodologia da ciência do direito.* 2ª ed. Tradução de José de Souza Brito e José Antônio Veloso. Lisboa: Fundação Calouste Gulbenkian, 1969.

LEITE, Eduardo de Oliveira. *A Monografia jurídica,* 4ª ed. rev., atual. e ampl. São Paulo: Ed. RT, 2000.

MARCHI, Eduardo C. de Oliveira. *Guia de Metodologia Jurídica: teses, monografias e artigos.* Lecce-Itália: Edizioni del Grifo, 2001.

MAXIMILIANO, Carlos. *Hermenêutica e aplicação do direito.* 14ª ed. Rio de Janeiro: Forense, 1994.

MORAES, Irany Novah. *Elaboração da pesquisa científica.* São Paulo: Álamo, 1985.

NASCIMENTO, Edmundo Dantes. *Linguagem forense: a Língua Portuguesa aplicada à linguagem do foro,* 10ª ed. atual. e ampl. São Paulo: Saraiva, 1992.

NUNES, Luiz Antônio Rizzatto. *Manual da monografia jurídica.* São Paulo: Saraiva, 2001.

OLIVEIRA, Olga Maria B. Aguiar. *Monografia jurídica.* Porto Alegre: Síntese, 1999.

PESCUMA, Derna, CASTILHO, Antônio Paulo Ferreira de. *Referências bibliográficas: um guia para documentar suas pesquisas.* São Paulo: Olho D'Água, 2001.

PERELMAN, Chaïm. *Tratado da argumentação: a nova Retórica.* Tradução de Maria Ermantina Galvão. São Paulo: Martins Fontes. 1996.

SALOMON, Délcio Vieira. *Como fazer uma monografia.* 9ª ed. rev. São Paulo: Martins Fontes, 2000

SEVERINO, Antônio Joaquim. *Metodologia de trabalho científico.* 21ª ed. rev. e ampl. São Paulo: Cortez Editora, 2000.

THOMPSON, Augusto. *Manual de orientação para preparo de monografia: destinado especialmente a bacharelandos e iniciantes.* 3ª ed. Rio de Janeiro: Forense Universitária, 2000.

UNIVERSIDADE PRESBITERIANA MACKENZIE. *Apresentação de trabalhos acadêmicos: guia para alunos.* São Paulo: Editora Mackenzie, 2001.

GRÁFICA PAYM
Tel. (011) 4392-3344
paym@terra.com.br